인문학으로 보는
기독교 역사

인문학으로 보는
기독교 역사

ⓒ 생명의말씀사 2022

2022년 7월 11일 1판 1쇄 발행

펴낸이 I 김창영
펴낸곳 I 생명의말씀사

등록 I 1962. 1. 10. No.300-1962-1
주소 I 서울시 종로구 경희궁1길 6 (03176)
전화 I 02)738-6555(본사) · 02)3159-7979(영업)
팩스 I 02)739-3824(본사) · 080-022-8585(영업)

지은이 I 신성균

기획편집 I 서정희, 김귀옥, 유선영
디자인 I 김혜선
인쇄 I 영진문원
제본 I 다온바인텍

ISBN 978-89-04-16763-0 (03230)

저작권자의 허락없이 이 책의 일부 또는 전체를
무단 복제, 전재, 발췌하면 저작권법에 의해 처벌을 받습니다.

인문학으로 보는 기독교 역사

세계 역사를 아우르는
성경의 인문학적 접근

성경 안팎을 넘나드는 흥미로운 세계사 이야기! 솔로몬과 시바 여왕 사이에 태어난 아들, 에티오피아를 세우다? / 로마의 세계 제패는 기독교 세계 복음화의 서막이었다 / 로마 실력자들 옆에는 유대 왕가의 여인들이 있었다 / 칼빈의 신학은 어떻게 자본주의에 영향을 미쳤을까?

신성균

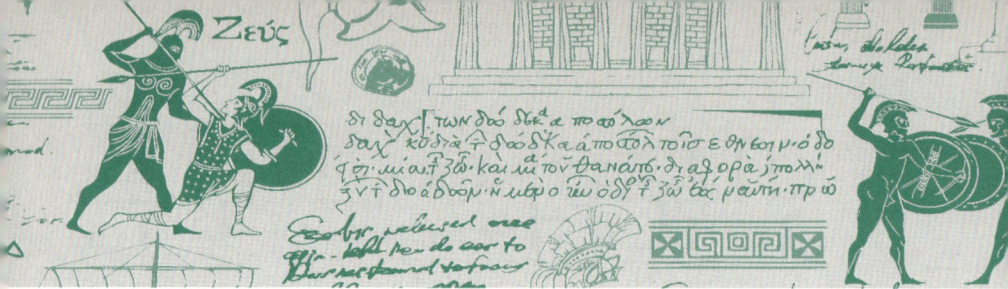

목차

- 요셉과 보디발의 아내 줄라이카 · 10
  모세와 그를 양자로 삼은 하셉수트 공주 · 16
  솔로몬과 시바 여왕 사이의 아들 - 메넬리크 1세 · 23
  페르시아 제국의 왕비가 된 포로 출신의 유대인 처녀 - 에스더 · 28
  포로에서 돌아와 성전을 재건한 유대인들 · 35
  성전에서 회당으로 · 41

- 구약의 신약적 성취를 위한 과도기 - 신구약 중간 시대 · 46
  헬레니즘 세계를 개막시킨 알렉산더 - 가우가멜라 전투 · 52
  유대인의 자기 저주 · 58
  유대의 멸망과 최후의 저항 - 마사다의 비극 · 63
  1세기 유대의 정치적, 사회적 상황 · 70
  성인의 반열에까지 오른 빌라도 부인 - 클라우디아 프로쿨라 · 76

- 로마 실력자의 정부가 된 유대 왕가의 여인들 · 80
  예수님에게도 아내가 있었다? · 85
  박해자에서 기독교의 후원자가 된 로마 제국 · 90
  복음의 실크로드 · 97
  이방인을 위해 준비된 일꾼, 사도 바울 · 101
  서구 문명의 뿌리 - 헬레니즘과 헤브라이즘 · 107
  사막에 세워진 또 하나의 유일신 종교 - 이슬람 · 111

- 유럽을 이슬람으로부터 수호한 칼 마르텔 - 투르 푸아티에 전투 · 116

  하나님의 이름으로 자행된 추악한 전쟁 - 십자군 운동 · 120

  종교와 세속과의 싸움 · 125

  로마 제국, 또 하나의 기독교 - 정교회(동방 교회: Orthodox Church) · 129

  영국 국교회(성공회: Anglican Church)를 탄생시킨 헨리 8세의 이혼 · 133

  인간성 파괴를 공의의 심판으로 착각한 종교인들 - 종교 재판 · 138

- 신대륙 정복에 나타난 두 가지 다른 결과 · 142

  종교개혁을 완성한 칼빈 · 147

  신학의 자유화 물결 - 자유주의 신학 · 153

  자본주의에 영향을 끼친 칼빈의 신학 · 158

  비 신화화 운동 - 복음서는 신화인가 · 162

  영적 대각성 운동(The Great Awakening) · 166

- 종교적 갈등과 역사적 낙관론 · 170

  구속사란 무엇인가 · 175

  계시 · 182

  성경에는 정말로 오류가 없을까? · 189

  기독교의 역사관 - 종말론적 역사관 · 197

  종교 다원주의 - 기독교에만 구원이 있는가 · 201

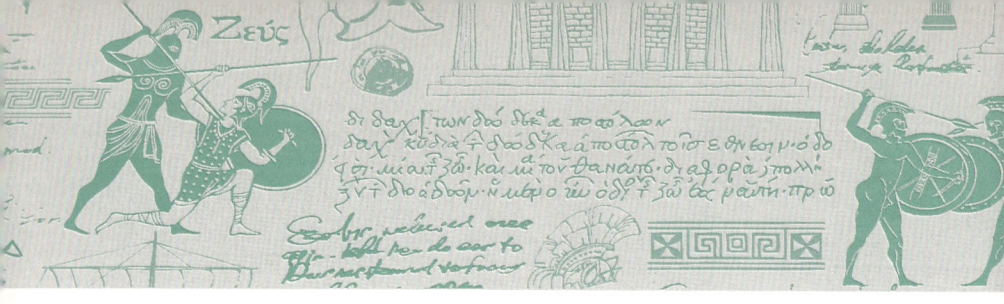

머리말

성경은 신화나 작가의 구상에서 나온 창작물이 아니다. 역사상 실재했던 사건과 인간의 삶이 생생하게 용해된 역사적 기록이다. 그러나 성경은 세속사와는 달리 하나님과 인간관계에서 일어난 사건들을 서술했기 때문에 일반적인 역사서와는 다른 특징을 가지고 있다. 즉 타락한 인간을 구원해 가시는 하나님의 손길이 구체적으로 펼쳐지는 구속사이다. 따라서 성경은 세속사와는 구별되지만 세속사와 밀접한 연속성을 또한 가지고 있다. 성경에는 기록되지 않았으나 주목하고 연구해야 할 많은 사건과 주제들이 일반 세속사에 포함되어 있음을 우리는 발견하게 된다.

본서는 성경 밖에 있는 성경적 (신학적) 주제들을 인문학적 관점에서 접근하려고 시도했다. 인문학은 성경이 우리에게 주는 메시지를 이해하고 해석하는 데 큰 도움을 주기 때문이다. 성경의 기본적 해석 원리에 "성경은 성경으로 해석한다"라는 말이 있다. 참으로 옳고 정확한 말이다. 그러나 이 말은 믿는 자에게만 해당되는 말이다. 성경 자체를 믿지 않는 자들, 즉 불신자들에게는 아무런 의미가 없다. 오히려 성경이 아닌 인문학적인 측면에서 성경을 바라보는 관점이 때로는 불신자들을 포함한 많

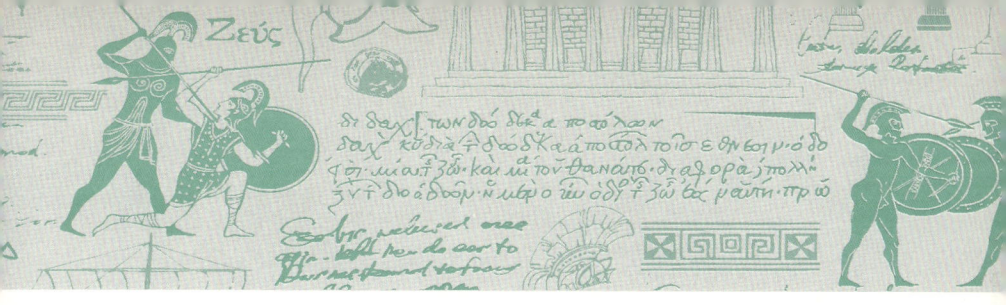

은 이들에게 호응을 얻을 수가 있다. 저자는 이와 같은 관점에서 본서를 쓰게 되었다. 물론 전문적이고 학문적인 관점보다는 평범한 독자들이 이해할 수 있고 성경에 대한 관심과 흥미를 유발시키기 위한 의도가 참작되었다.

특히 평신도 신학이란 분야가 점점 그 지평을 넓혀가는 이 시대에 평신도의 입장에서 난해한 신학의 일부분을 쉽게 이해하는 데 그 초점을 맞추었다. 본서에 나타난 여러 사건들과 주제들을 통하여 인간사에 나타난 하나님의 섭리를 느낄 수 있기를 기대한다. 하나님은 자연과 인간의 역사 속에 많은 계시를 심어 놓으셨다. 이를 우리는 자연계시라 부른다. 이를 통해 인간은 하나님의 존재와 구속사의 과정을 희미하게나마 엿볼 수 있다.

창세로부터 그의 보이지 아니하는 것들 곧 그의 영원하신 능력과 신성이 그가 만드신 만물에 분명히 보여 알려졌나니 그러므로 그들이 핑계하지 못할지니라(롬 1:20).

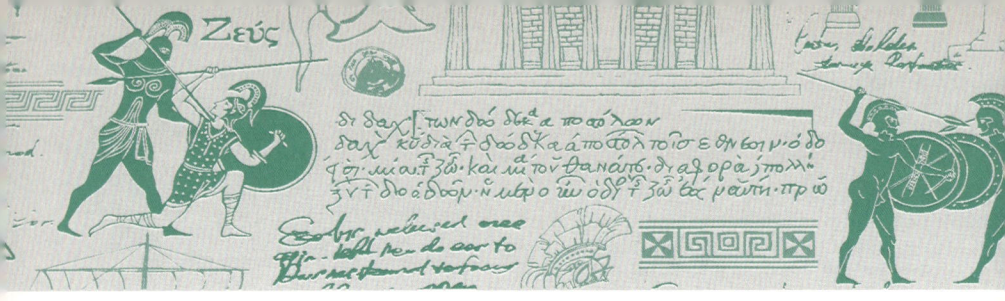

　따라서 하나님의 계시를 성경이 아닌 인문학적으로 접근하는 것은 대단히 흥미로운 일이다. 이를 통해서 성경에 나타난 점진적인 계시의 면모를 볼 수 있다면 더 이상 바랄 것이 없겠다.
　역사 속에 나타났던 모든 사건들이 우연히 그리고 무질서하게 일어나는 것 같으나 실상은 역사의 종말이란 목표를 향하여 긴장과 갈등이란 관계 속에서 연속성을 유지한 채 나아가고 있음을 알 수 있다. 이것은 바로 타락과 구속, 그리고 완성을 향하여 일직선상으로 나아가는 성경적 역사관과 일치하고 있는 것이다.
　특히 교회에서 선포되는 설교에서 인문학의 적용은 성도들의 공감 능력을 향상시키는 데 필수적인 요소가 되고 있다. 인문학적으로 다가가는 설교는 성도들에게 이해의 폭을 훨씬 더 넓혀주기 때문이다. 성경에는 인문학적(특히 문학, 역사, 사회, 철학 등) 요소가 강하게 풍기는 내용들이 많다.
　문학과 철학 그리고 지혜서로 알려진 시가서(욥기, 시편, 잠언, 전도서, 아가서)나 묵시 문학적 요소가 짙게 깔려 있는 구약의 다니엘서와 신약의 요한계시록이 특히 그러하다. 그러므로 성경을 이해하는 데 인문학의 위

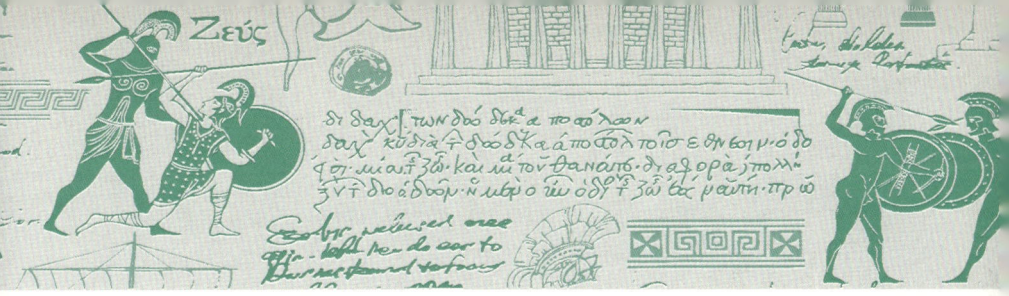

치는 참으로 중요하다.

　본서에 나타난 다양한 역사적 사건 속에서 구속사의 한 면을 발견할 수 있게 되기를 바란다. 이것이 바로 구속사(성경)와 세속사를 연결시키는 긴장과 호혜의 관계이다.

　보잘것없는 이 책을 만드는 데 쓴소리와 함께 내용을 충실하게 엮어 가도록 결정적인 도움을 준 큰아들 석현에게와 컴퓨터의 활용 등 귀찮은 일을 도맡아 해결해준 둘째 승현, 딸 수희 등 자랑스러운 나의 자녀들 그리고 책의 방향을 정하는 데 크게 도움을 준 사랑하는 조카 사숙에게 고마운 마음을 전하고 싶다. 특히 책이 완성되기까지 독자의 입장에서 내용을 검토하고 집안 여기저기에 흩어진 자료들을 불평 없이 정돈하고 격려해준 아내에게 한없는 감사를 드리고 싶다.

　이 모든 것이 연합하여 한 권의 책이 나오도록 시간과 건강 그리고 마음의 평안을 주신 하나님께 모든 영광을 돌린다.

2022년 5월 31일

요셉과 보디발의 아내 줄라이카

구약성경의 첫 부분인 창세기는 대표적인 족장 네 명(아브라함, 이삭, 야곱, 요셉)에 대한 내용이 구체적으로 기록되어 있다. 특히 야곱을 중심으로 이스라엘 민족의 기원과 형성 과정을 소상히 밝혀주고 있다. 또한 장차 이루어질 신정국가에 대한 준비 과정을 점진적 계시의 확장을 통해 보여주며 동시에 언약과 성취가 그리스도를 중심으로 하나님의 구속사의 과정 속에서 한치의 오차도 없이 진행되고 있음을 보여준다.

네 명의 족장 중 요셉은 그의 아버지 야곱이 형의 낯을 피하여 밧단아람(하란)으로 도망하여 20년 간을 외삼촌 라반의 가축을 치며 살아갈 때 열한 번째로 낳은 아들이었다. 야곱의 네 아내(레아, 라헬, 실바, 빌하) 중 그가 가장 사랑하던 라헬이 낳은 첫 번째 아들이었기에 야곱의 특별한 사랑을 받기도 했다.

야곱의 막내, 즉 열두 번째 아들인 베냐민은 밧단아람에서의 망명 생활을 마치고 가나안으로 귀환 도중 에브랏(베들레헴) 근처에서 낳았다.

야곱에게 요셉은 92세의 노년에 얻은 아들이라 다른 열 아들보다 더욱 애정을 갖고 채색 옷을 입히며 양육했다. 아버지의 이런 편애는 요셉이 다른 형제들로부터 미움과 시기를 받으며 성장하는 결과를 낳았다. 요셉이 17세 되던 해, 야곱은 북쪽으로 약 80km 떨어진 세겜에서 양을 치던 다른 아들들의 형편을 알아보기 위해 자기와 함께 지내던 요셉을 보냈다.

요셉이 오는 것을 발견한 형들은 그동안 쌓였던 미운 감정 때문에 그를 죽이려고 모의했다. 그러다 유다의 제의로 죽이려던 계획을 바꾸어 대신 애굽으로 내려가던 미디안 상인들에게 은 20을 받고 팔아버렸다.

BC 1780년경 함무라비 법전의 비문에 새겨진 당시의 노예 가격은 은 20세겔이었으며 그 이전에 새겨진 우가리트 문서에는 노예의 가격이 은 10세겔, 나귀는 30세겔, 말은 300세겔로 기록되어 있다. 노예 한 사람이 나귀 한 마리보다 낮은 값에 팔릴 정도로 당시의 노예 신분은 인간 이하의 대접을 받는 비천한 처지였음을 알 수 있다.

형들에 의해 애굽으로 팔려간 요셉은 바로 왕의 시위대장인 보디발의 노예로 넘겨졌다. 요셉의 형들은 아버지 야곱에게 요셉이 짐승에게 잡혀 죽었다고 거짓 보고를 했다.

요셉은 이로써 특별한 사랑을 받던, 귀한 아들의 신분에서 인간으로서의 가치조차 인정받지 못하는 노예의 위치로 전락하고 말았다. 그의 나이 17세, 건강한 청년의 때에 일어난 일이었다. 당시의 남자 노예는 귀족의 부인이 목욕 후 벌거벗은 몸으로 나왔을 때 옷을 들고 시중을 들어도 부인 입장에서 조금도 부끄러워할 이유가 안 될 정도로 집에서 기르는 애완동물 정도의 취급을 받았다. 노예는 단지 말하는 짐승에 불과했다.

그러나 요셉은 그곳에서 단순한 노예가 아닌 하나님의 특별한 은혜를 입고 살아가던 사람이었다. 노예의 신분임에도 가슴에 하나님이 주신 꿈을 품고 경건하게 살아가던 요셉은 그의 주인 보디발에게도 특별하게 보였던 것 같다. 하나님이 요셉과 함께하시므로 그가 형통한 자가 되어 주인에게서 절대적인 신임을 받게 되었으며 보디발은 그를 가정의 총무로 세워 자기 모든 소유를 위탁하였다(창 39:1-4). 노예로서는 파격적인 신분의 변화였다. 그러나 그런 요셉에게도 어두운 그림자가 드리워졌다. 바로 보디발의 아내인 미모의 줄라이카(Zulaikha)로부터 끊임없는 유혹을 받게 된 것이다. 요셉은 그때마다 그녀에게 "내 주인이 집안의 모든 소유를 간섭하지 아니하고 다 내 손에 위탁하였으나 금한 것은 자기의 아내인 당신뿐이다"라고 말하며 끈질기게 유혹하는 그녀에게 눈을 돌리지 않았다(창 39:7-9).

그 후 동침을 요구하는 줄라이카의 끈질긴 요구를 뿌리치고 도망쳤지만 오히려 그녀의 모함으로 누명을 쓰고 보디발에 의해 왕의 죄수들만을 가두는 감옥에 갇히는 신세가 되었다.

이 사건은 성경보다 더 상세하게 이슬람의 코란에서도 기록하고 있다. 코란경 제12장(요셉의 장) 25-28절에는 다음과 같이 기록하고 있다.

25절: 그래서 두 사람(요셉과 줄라이카)은 문 앞까지 쫓으며 쫓기며, 그녀는 뒤에서 (도망가는) 그의 속옷을 찢었다. 그러다 문 앞에서 두 사람은 그녀의 남편과 마주쳤다. "당신(요셉)이 아내에게 이런 나쁜 일을 하였으니 그 응보는 투옥이든지 무서운 형벌 이외에 또 무엇이 있겠소."

26절: 요셉이 말했다. "부인께서 나를 유혹하려 하였습니다." 그러자 집안의 한 사람이 증언하기를 "만일 저 사내의 속옷이 앞에서부터 찢어져 있었다면 부인의 말(요셉이 자기를 겁탈하려 했다는 주장)이 사실이고 그렇지 않으면 거짓말입니다.

27절: 또 만일 저 사내의 속옷이 뒤에서 찢어져 있었다면(도망가던 요셉을 뒤에서 붙드는 경우) 부인은 거짓말을 했고 그는 사실을 말한 것이 됩니다."라고 했다.

28절: 그(남편)는 그 속옷이 뒤에서 찢어져 있는 것을 보고 "이것은 너희들 여자의 짓이다. 정말이지 너희는 나쁜 짓을 했다." 그러나 보디발은 확증이 없으므로 가정의 명예를 위해 일단 그를 투옥시키는 것으로 일단락 지었다.

고대 사회에서 국가의 최고위 관리가 노예 한 명 죽이는 일은 아무런 문제가 없었으나 그의 마음속에는 아내에 대한 강한 의심도 있었던 터라 요셉을 죽일 수는 없었다.

만일 요셉의 행위가 자기 아내의 말대로 사실이었다면 보디발은 그를 왕의 신하만을 가두는 특별한 감옥에 가두는 선처를 하지는 않았을 것이다.

『역사학자가 쓴 성경 이야기』(김호동 제)에 의하면 요셉이 억울하게 투옥된 후 줄라이카는 심한 자책감에 시달려 점차 흉한 모습으로 변하게 되었으며 결국 보디발로부터 버림을 받고 노상을 방황하던 중, 총리가 되어 말을 타고 민정을 시찰하던 요셉에 의해 발견되었다. 그녀의 흉하고 초라한 모습을 본 요셉은 충격을 받고 자기를 그렇게 사랑했던 그녀를 자신의 아내로 삼게 되었으며 이후 그녀는 옛 모습의 미모로 돌아왔다고 한다. 유럽의 많은 화가들은 줄라이카가 나신으로 요셉을 뒤에서 붙들려는 모습을 그린 많은 명화를 남겼다. 이 이야기는 이슬람 세계에서는 유명한 러브스토리로 전해지고 있다고 한다.

17세에 애굽으로 팔려가 13년간 감옥 생활을 하였고 30세에 애굽의 총리가 된 요셉은 가나안 땅에서 기근으로 고생하던 야곱을 포함한 칠십 명의 온 식구들을 애굽의 고센 땅으로 초청하여 생명을 구하는 위대한 공헌을 했다. 그는 이 일로 야곱의 열두 형제 중 장자의 명분을 받게 되었고 그의 두 아들인 므낫세와 에브라임은 장자에게 두 몫을 주는 관례에 따라 야곱의 열두 아들과 같은 기업을 받게 되었다(창 48: 5-6).

이에 대해 요셉은 훗날 재회한 형들에게 다음과 같이 고백한 바 있다.

당신들이 나를 이곳에 팔았다고 해서 근심하지 마소서 한탄하지 마소서 하나님이 생명을 구하시려고 나를 당신들보다 먼저 보내셨나이다(창 45:5).

이 모든 것은 고난과 시련, 실패와 절망 가운에서도 모든 것이 합력하여 선을 이루어 가는 하나님의 손길을 보는 또 하나의 교훈적 사건이다.

우리가 알거니와 하나님을 사랑하는 자 곧 그의 뜻대로 부르심을 입은 자들에게는 모든 것이 합력하여 선을 이루느니라"(롬 8:28).

요셉이 애굽으로 팔려간 시기는 애굽의 12왕조(BC 1991-1786) 시기였으며 그 후 백여 년이 지나 아시아의 셈족 계통인 힉소스 민족이 당시로써는 선진 기술이었던 말이 끄는 전차로 애굽에 침입하여 이민족으로 애굽을 통치했다(BC 1674-1567).

따라서 이 시기에 이미 애굽에서 살아가고 있던 야곱의 후손들은 아마도 같은 셈족 계통인 힉소스족의 영향으로 크게 성장하는 계기를 맞이했을 것으로 추측된다.

이와 같이 요셉이 당한 모든 상황은 어느 하나라도 빼놓을 수 없는 연결고리로 이어져 가며, 하나님의 섭리와 계획 속에 점진적으로 발전해 가는 계시적 사건이었음을 깨닫게 된다.

모세와 그를 양자로 삼은 하셉수트 공주

성경을 통틀어서 가장 위대한 선지자요, 하나님의 신실한 일꾼이었으며 유대교의 경전인 토라(모세오경)를 저술한 모세는 레위 지파의 아므람과 요게벳 사이에서 태어난 세 남매 중 막내였다. 위로는 세 살 차의 아론과 누나 미리암이 있었다. 사도 요한은 모세를 구약과 율법을 대표하는 선지자요, 복음의 시대를 개막한 예수 그리스도의 모형으로 기록하고 있다.

율법은 모세로 말미암아 주어진 것이요 은혜와 진리(복음)는 예수 그리스도로 말미암아 온 것이라(요 1:17).

모세는 또한 시내산에서 하나님께로부터 율법을 직접 전수받은 자요, 하나님과 친히 대화를 나눈 계시의 전달자로서 어느 인간과도 비교할 수 없는 위대하고 파란만장한 일생을 살았다.

사람이 자기의 친구와 이야기함같이 여호와께서는 모세와 대면하여 말씀하시며…(출 33:11).

그의 성품은 온유하고 관대하여 200만이 넘는 백성을 탁월한 지도력으로 가나안 땅까지 인도했다. 그러나 때로는 인간적인 혈기 때문에 하나님의 거룩성을 훼손하여 그렇게 사모하던 약속의 땅에 들어가지 못하는 비운을 겪기도 했다(민 20:12).

모세의 어린 시절은 애굽의 신왕국 시대(18-20 왕조)인 제18왕조 시대로 고대 애굽의 역사상 가장 강력한 통치력을 행사하던 시기였다. 당시 바로의 반히브리 정책으로 인하여 남자를 출산하는 경우 죽이라는 명령이 시행되었다(출 1:8-16).

모세의 부모들도 그를 낳은 후 석 달 동안 숨겨 키웠으나 더 이상 감당할 수 없게 되자 갈대상자에 넣어 나일강에 띄웠다. 아기 모세는 마침 그곳에 목욕하러 나왔던 바로 왕의 공주에 의해 극적으로 구조되면서 그녀의 양자가 되는 행운을 갖게 되었다.

그녀가 바로 18왕조의 세 번째 왕인 투트모스 1세의 무남독녀였던 하셉수트 공주였다.

당시 바로에게는 딸인 하셉수트 하나만 있을 뿐이어서 왕위를 이어

갈 왕자가 절실히 필요했다. 그런 미묘한 시점에 공주의 양자로 자리한 모세로서는 앞으로의 삶에 많은 주목을 받을 수밖에 없었을 것이다.

모세는 그의 일생 120년이 뚜렷하게 세 부분으로 나누어지는 극적인 삶을 살았다.

출생이후 그의 첫 40년은 대부분 하셉수트 공주의 아들로 살았던 기간이다. 바로의 궁에서 왕족들만이 받는 궁중 교육을 받으며 애굽의 모든 학문을 통달했고 공주의 특별한 보호를 받고 자란 안정된 시기였다. 이 기간 동안 모세는 장차 지도자로, 어쩌면 바로의 위치까지 넘볼 수 있는 막강한 차기 권력자로서의 많은 주목과 시선을 받으며 성장했다. 특히 이 시기에는 왕위를 이어갈 왕자가 태어나지 않은 미묘한 시점이기도 했다.

제2기에 속한 40년은 살인사건을 계기로 왕궁을 탈출하여 미디안 광야에서 양을 치며 살아가던 기간이다. 그에게 있어 이 시기는 광야 생활을 미리 경험하며 장차 이스라엘을 애굽에서 가나안까지 인도해갈 지도력과 강인한 체력, 영적 훈련을 강화하는 실습의 기간이었다.

마지막 40년은 모세가 하나님의 도우심으로 바로 왕(Amenhotep 2세)을 굴복시키고 이스라엘 백성을 구출하여 가나안 땅으로 인도해가는 혹독한 광야 생활의 기간이었다.

모세를 나일강에서 구출하여 양자로 삼은 하셉수트(Hatshepsut) 공주는 투트모스 1세(출 1:8의 요셉을 알지 못하는 새 왕)의 유일한 딸이었다. 왕위를 계승할 아들을 낳지 못한 투트모스 1세는 후궁과의 사이에서 아들(후에 투트모스 2세로 즉위함)을 얻었으며, 하셉수트는 후에 이복 동생인 투트모스 2세와 결혼하여 역시 딸(네페루레) 하나만을 낳았다. 당시는 왕위의 정통성을 유지하기 위하여 통상 친족간의 근친결혼이 이루어졌다. 그러나 자신과 남편 사이에서도 역시 아들을 얻지 못하자 왕위의 후계를 위하여 동생이자 남편인 투트모스 2세는 시녀였던 이세트(혹은 이시스)와의 사이에서 아들을 낳았으니 그가 바로 앞으로 모세와 경쟁 관계에 있게 될 투트모스 3세였다.

그러나 남편인 투트모스 2세가 일찍 사망하였으므로 하셉수트는 그의 의붓아들인 어린 투트모스 3세를 왕위에 앉혔다. 그때 그의 나이는 십여 세에 불과한 어린아이였다. 따라서 하셉수트는 섭정을 통해 그가 장성하기까지 약 20여 년간을 강력한 통치력으로 나라를 다스렸다. 그가 바로 역사상 여성 파라오로 알려진 하셉수트였다. 이때는 양자인 모세가 20대 왕자의 신분으로 성장해 가던 시기였다. 만일 이때 막강한 권력을 행사하던 하셉수트의 계획이나 모세의 강력한 요구가 있었다면 어린 투트모스 3세를 제거하고 바로 왕의 위치에까지 도달할 수 있는 절호의 기회를 잡을 수도 있었을 것이다. 그러나 모세는 왕궁에서의 영화로운 삶보다는 하나님의 백성과 함께 고난받기를 더 좋아하였다고 히브리서 저자는 기록하고 있다.

믿음으로 모세는 장성하여 바로의 공주의 아들이라 칭함받기를 거절하고 도리어 하나님의 백성과 함께 고난받기를 잠시 죄악의 낙을 누리는 것보다 더 좋아하고 그리스도를 위하여 받는 수모를 애굽의 모든 보화보다 더 큰 재물로 여겼으니 이는 상 주심을 바라봄이라(히 11:24-26).

모세가 40세 되던 해 그에게는 예상치 못한 돌발 사태가 발생했다. 노역 중에 있던 동족인 히브리 사람을 학대하는 애굽 감독을 보고 그를 살해하여 모래 속에 감추어버린 것이다.

그는 이 사건으로 항상 그와 경쟁 관계에 있던 투트모스 3세의 일파에게 자신을 제거할 정당한 명분을 제공하게 되었다. 모세는 결국 그들을 피하여 미디안 광야로 도망쳤고 그곳에서 미디안의 제사장 이드로(일명 르우엘)의 양을 치며 그의 딸 십보라와 결혼하여 두 아들 게르솜과 엘리에셀을 낳았다. 미디안은 오늘날 홍해의 아카바만 동쪽에 살고 있었던 아랍 계통의 족속이었다.

그 후 투트모스 3세가 성장하여 통치 기반을 잡게 되자 점차 권좌에서 멀어져 가던 하셉수트는 그 사건 이후 약 4년 뒤에 사망한 것으로 알려져 있다. 막강한 권력으로 모세를 보호하며 그의 울타리가 되었던 그녀는 유능한 여성 파라오로 20여 년간을 군림했다. 그녀는 자신의 장제전(장례 신전)을 수도 테베의 계곡에 있는 룩소르에 화려하게 건설할 정도로 강력한 통치력을 행사했으나 사후에는 홀대를 받은 것으로 알려진다. 평소 그에게 냉대와 차별을 받으며 자라온 투트모스 3세가 그 반감으로 장제전을 상당 부분 파괴한 것으로 전해진다.

모세에게 있어서 제2기에 속하는 미디안 광야에서의 40년은 어찌 보면 도망자로서의 무익한 시간 같아 보였다. 그러나 그 시기는 장차 200만이 넘는 동족을 이끌고 40년간의 광야 생활을 헤쳐 가는 데 있어 탈출 경로와 광야의 지역적 특성을 미리 파악하고, 생존 능력과 체력을 강화시키는 중요한 시간이었다.

그가 80세 되던 해 하나님은 그를 불러 이스라엘 백성을 애굽에서 구출하여 낼 것을 명령하셨다(출 2:5-10). 모세와 10가지 재앙을 통해 끝까지 맞섰던 바로는 투트모스 3세의 아들인 아멘호텝 2세(Amenhotep11, 출 3:10 이하에 나오는 바로 왕)로서 모세에게는 조카뻘이 되는 사이였다. 아멘호텝 2세는 18세에 즉위하여 22세 때 마침내 하나님께 굴복하고 430년 만에 히브리인들을 애굽의 통치에서 해방시킨 인물이다(BC 1446년경). 이때 애굽에서 나온 이스라엘 백성들은 여자와 유아를 제외하고 장정만 60만 명이었다고 한다. 또한 이들과 함께 많은 잡족들도 포함되었다고 성경은 기록하고 있다.

여기에서의 잡족이란 당시 애굽이 북방의 힛타이트(성경에 나오는 헷족속으로 히브리 민족과 같은 셈족 계통)와의 전쟁에서 포로로 잡아와 강제 노역을 시켰던 노예들을 말한다. 이들까지 합하면 약 200만 명이 넘는 대탈출이었다. 이 많은 인원이 40년간을 광야에서 지냈다는 것 자체가 기적이다.

모세에게 있어서 이 광야 생활 40년은 환희와 절망, 감격과 고뇌가 끊임없이 교차되는 파란만장한 삶의 연속이었다. 모세는 어떤 상황에서도 하나님의 집에 충성된 종으로 살다가 120세를 일기로 약속의 땅 가나안을 바라보며 요단 동편에 있는 느보산의 비스가산 꼭대기에서 생을 마감했다. 성경은 그가 죽은 후 묻힌 곳을 아는 자가 없다고 했다(신 34:6).

신약성경 유다서 1장 9절에는 모세의 시체를 두고 천사장 미가엘과 마귀가 다투었다고 기록하고 있다(외경인 모세의 승천서에서 인용). 이는 아마도 사탄이 모세의 시체를 거두어 우상화하여 백성들을 미혹케 하려는 궤계가 있었음을 시사하는 대목이다.

모세가 죽기 전 가나안 정복을 눈앞에 둔 백성을 향하여 모압 평지에서 선포한 세 편의 유언적 설교(교훈)가 바로 모세오경(율법서)의 핵심인 신명기이다. 성경은 모세에 대한 위대성을 다음과 같은 한 마디로 기록하고 있다.

그 후에는 이스라엘에 모세와 같은 선지자가 일어나지 못하였나니 모세는 여호와께서 대면하여 아시던 자요(신 34:10).

솔로몬과 시바 여왕 사이의 아들
- 메넬리크 1세

　역사상 최고의 영화와 부귀를 누린 왕, 평생에 3천 개의 잠언과 1,005편의 노래를 지은 지혜의 왕 솔로몬은 다윗 왕이 그의 충실한 부하였던 우리아에게서 빼앗은 아내 밧세바와의 사이에서 낳은 아들로, 다윗의 많은 아들들 가운데 왕위에 오른 선택받은 사람이었다.

　그는 20세에 왕위에 올라 40년간을 치세하는 동안 7년간에 걸쳐 세계 어느 건축물과도 비교할 수 없는 화려하고 웅장한 성전(일명 솔로몬 성전)을 지어 하나님께 봉헌했다. 또한 13년간에 걸쳐 왕궁을 짓는 등 20년간 건설사업에 국력을 동원했다.

　부친 다윗 시대에 이미 주변의 모든 왕국을 평정하여 그의 영토가 최대로 확장되었으며 그들로부터 거둬들이는 조공은 나라를 최고의 번영으로 이끌었다. 이 모든 안정된 국가의 기반을 그대로 이어받은 솔로몬은 남쪽인 아라비아로부터 북쪽의 시리아, 소아시아에 이르는 무역로와 페니키아(팔레스틴의 지중해 연안 도시들)의 해상로를 확보함으로써 국가의 부가 최고조에 이르고 있었다.

구약성경 열왕기상 10장 1-13절과 역대하 9장 1-12절에는 스바 여왕(시바 여왕)이 이와 같이 최고의 번영을 누리고 있던 솔로몬의 명성을 듣고 그를 보기 위하여 직접 방문했던 사건들을 자세히 기록하고 있다. 신약성경 누가복음 11장 31절에서도 남방 여인(시바 여왕)이 솔로몬을 방문했던 역사적 사건을 예수님께서 직접 인용하고 있음을 알 수 있다.

성경에 따르면 시바 여왕은 솔로몬에게 줄 엄청난 양의 향품과 금, 보석 등을 싣고 많은 수행원들과 함께 왔으며 이때 가지고 온 금만 해도 120달란트(약 4,080kg)로 4톤이 넘는 값어치의 양이었다. 그 후 귀국하는 여왕에게도 솔로몬은 많은 양의 선물과 함께 그의 소원대로 구하는 것을 주었다고 기록하고 있다.

시바 왕국은 BC 950년에서 BC 115년까지 지금의 아라비아반도 남쪽 끝에 위치한 예멘 지역에 있던 고대 왕국으로 전성기 때는 그 영토가 홍해를 건너 에티오피아에서 소말리아까지 뻗치고 있었다. 현재 좁은 해협을 사이에 두고 있는 예멘과 에티오피아가 시바 왕국이라고 보면 될 것이다.

민수기 12장 1절에서 모세의 후처로 등장하는 구스(Cushite) 여인이나 사도행전 8장 26-27절에 나오는 에티오피아 내시에 대한 기사는 모두 같은 에티오피아를 지칭하는 말이다.

당시 시바 왕국은 금, 보석, 향료, 몰약과 같은 상품의 교역로를 확보하여 상당한 부를 축적한 나라였다. 당시 이스라엘이 이집트, 시리아, 메소포타미아 그리고 소아시아와 연결되는 중요 무역로에 위치했으므로 경제적, 상업상의 교류를 목적으로도 솔로몬을 방문했을 것이라고 학자들은 주장하고 있다. 여기에 지혜와 부를 겸비한 솔로몬에 대한 호기심이 방문하고 싶은 강한 유혹을 불러일으켰을 것으로 추측된다.

사막과 산맥을 통과하는 약 2,400km(학자들에 따라 우회도로를 포함하여 그 거리를 약 4,000km로 추정하기도 함)의 거리를 수많은 동물들과 수행원들을 거느리고 소문으로만 듣던 솔로몬을 방문한다는 것은 당시로써 상상을 초월하는 여정이었다. 학자들에 의하면 솔로몬에게 줄 선물과 여행 중에 필요한 양식과 많은 인원을 태우기 위해 약 800여 마리의 낙타가 동원되었고, 도착 시까지 약 3개월이 소요되는 대장정이었을 것으로 추측하고 있다. 그렇게 오랜 시간을 비워두어도 괜찮을 만큼 그의 왕국은 정치적으로도 그 정권이 매우 안정되었음을 알 수 있다.

이런 모험을 감수하고 솔로몬을 방문한 시바 여왕이 단지 며칠만 머문 후에 돌아갔을 리는 없다. 그에 대한 접대와 분에 넘치는 향응을 솔로몬으로부터 받았을 것이고 그런 과정에서 서로 간에 자연스럽게 사랑이 싹텄을 것으로 짐작된다. 솔로몬은 당시 외국과의 친선과 외교를 목적으로 많은 나라의 공주, 왕녀들과 결혼했다고 성경은 말하고 있다(왕상 11:1).

후궁이 700명, 첩이 300명에 이르렀다고 하니 이 분야에서도 솔로몬은 역사상 누구와도 비교할 수 없는 왕이었다. 따라서 시바 여왕과의 미묘한 관계도 이와 같은 정치적인 명분과 동기로 시작되었을 것이다.

시바 여왕과 솔로몬의 사랑의 결실로 메넬리크(Menelik)란 아들이 태어났으며 그는 훗날 에티오피아에 세워졌던 악숨(Aksum) 왕국의 초대 황제가 되었다고 전해진다.

메넬리크가 성장한 후 일단의 유대인들을 이끌고 해협(지금의 예멘과 에티오피아는 홍해의 짧은 해협을 사이에 두고 자리 잡고 있다)을 건너 아프리카에 세운 나라가 바로 에티오피아란 것이다. 1931년 제정된 에티오피아 헌법에는 "솔로몬과 시바 여왕 사이에 태어난 아들인 메넬리크의 직계 자손이 에티오피아의 황제다"라고 명기되어 있다고 한다.

또한 1974년에는 에티오피아의 마지막 황제인 하일레 셀라시에가 당시 박정희 대통령의 초청으로 한국을 방문했으며 자신은 솔로몬과 시바 여왕 둘 사이에 태어난 직계 후손이라고 주장한 바 있다. 따라서 악숨 왕조의 초대 황제는 메넬리크 1세이며 1975년 공산 쿠데타로 실권한 하일레 셀라시에가 마지막 황제로 에티오피아 역사는 기록하고 있다.

솔로몬과 시바 여왕 사이의 관계는 이슬람 경전인 코란경 27장(개미의 장)과 34장(사바의 장)에도 기록되어 있다. 기록에 의하면 시바 여왕의 이름은 빌키스 여왕이었고 대단한 미모와 통치력을 가졌던 것으로 알려진다. 오늘날 예멘에서도 당시 마리브 지역을 통치하던 빌키스 여왕이 바로 시바 여왕이라고 고증하고 있다.

이와 같은 이유로 기독교 초기에 많은 유대인의 혈통을 가진 에티오피아인들이 예루살렘과 빈번히 왕래하였음을 역사는 기록하고 있다. 사도행전 8장 26-27절에서 에티오피아의 내시(에티오피아 간다게 여왕의 국고를 맡았던 고위 관리)가 예배를 위해 예루살렘에 왔다가 빌립 집사의 복음을 듣고 그에게 세례를 받은 기록은 에티오피아에 당시 이미 상당수의 신자가 있었음을 짐작케 한다. 오늘날에도 에티오피아는 아프리카 국가들 중 가장 오래된 기독교 역사를 가진 나라로 알려져 있다. 솔로몬과 시바 여왕 사이에 있었을 것으로 예상되는 러브스토리가 성경에는 비록 기록이 없으나 가히 세기적 로맨스임에는 틀림이 없는 것 같다.

  솔로몬은 말년에 많은 이방 여인들을 아내로 삼은 탓에 이방신을 접촉하게 되었고 그로 인하여 초기의 신앙적인 열정이 변질되는 상황을 맞이했다. 그러나 한편으로 시바 여왕과의 사랑의 결실은 아프리카에 하나님을 소개하는 결정적인 계기가 되었고, 오늘날에도 그곳에 많은 기독교인들이 있게 된 것은 참으로 신비하고 놀라운 역사의 진전이라 할 수 있다.

페르시아 제국의 왕비가 된 포로 출신의 유대인 처녀 - 에스더

◆ 페르시아 제국의 왕들

고레스 – 캄비세스 – 스메르디스 – 다리우스 1세 – 크세르크세스(아하수에로) – 아닥사스다 1세

다리우스 2세 – 아닥사스다 2세 – 아닥사스다 3세 – 다리우스 3세 – 알렉산더에 의해 멸망

강력했던 바벨론 왕국의 뒤를 이어 근동의 패자가 된 페르시아 제국은 고레스(BC 559-530 재위)라는 탁월한 인물에 의해 BC 539년에 세워졌다. 그는 즉위와 함께 활발한 원정 활동을 통하여 북쪽으로 카스피해에

이르는 박트리아와 파르티아는 물론 리디아와 에게해까지 영역을 확장했다.

고레스는 또한 즉위 원년에 전 왕조인 바벨론에 의해 포로로 잡혀온 유대인들을 해방시켜 고국으로 돌아가 파괴된 예루살렘 성전을 재건하라는 칙령을 발표했다. 동시에 그 과정에 필요한 모든 물자와 경비까지 후원할 것을 지시했다.

포로에게 자유를 주어 본국으로 귀환하도록 하며 자신에게는 이방 신전인 예루살렘 성전을 재건하라는 명령은 역사상 전무후무한 사건이었다. 성경은 이에 대하여 다음과 같이 기록하고 있다.

> 바사 왕 고레스 원년에 여호와께서 예레미야의 입을 통하여 하신 말씀을 이루게 하시려고 바사 왕 고레스의 마음을 감동시키시매 그가 온 나라에 공포도 하고 조서도 내려 이르되 바사 왕 고레스는 말하노니 하늘의 하나님 여호와께서 세상 모든 나라를 내게 주셨고 나에게 명령하사 유다 예루살렘에 성전을 건축하라 하셨나니 이스라엘의 하나님은 참 신이시라 너희 중에 그의 백성 된 자는 다 유다 예루살렘으로 올라가서 이스라엘의 하나님 여호와의 성전을 건축하라 그는 예루살렘에 계신 하나님이시라(스 1:1-3, 대하 36:22-23).

물론 고레스가 하나님을 잘 섬겼던 사람은 아니었다. 단지 악인도 적절하게 사용하시는 하나님의 섭리의 손길을 엿볼 수 있는 사건이라 할 수 있다.

여호와께서 온갖 것을 그 쓰임에 적당하게 지으셨나니 악인도 악한 날에 적당하게 하셨느니라(잠 16:4).

그러나 고레스는 중앙아시아의 초원 지역에서 살아가던 마사게태 부족의 소요 사태를 진압하기 위해 출정하던 중 갑자기 사망하게 된다. 그 뒤 아들인 캄비세스와 스메르디스가 통치를 이어갔지만 혼란이 계속되면서 나라가 불안정하게 되자 때를 틈타 귀족 출신인 다리우스가 혁명을 일으킴으로써 페르시아 제국은 다시 정권이 안정되고 강국의 면모를 찾게 되었다.

다리우스는 고레스의 딸인 아토사와 결혼함으로써 왕실의 정통성까지 확보하며 그의 제국을 반석 위에 올려놓았다. 그의 통치 기간 중 페르시아는 가장 강력한 치세 활동에 힘입어 최대의 확장과 번영을 누리게 되었다.

BC 486년 이후 35년간 강력한 통치와 정복으로 대제국을 건설한 다리우스(성경에는 다리오 왕으로 기록됨)가 사망하자 그의 아들인 크세르크세스(Xerxes)가 35세의 젊은 나이로 제국의 왕위를 물려받았다. 그가 바로 성경에 나오는 아하수에로 왕이다(고대 그리스어를 히브리음으로 표기한 이름). 포로로 끌려온 유대인 처녀인 에스더를 왕비로 삼은 인물이었다.

그는 부친 다리우스가 정복한 인도에서 구스(에티오피아)에 이르는 광대한 국토를 127개로 나누어 통치하는 대제국의 황제로 군림했다. 그러나 다리우스가 이루어 놓은 과업을 수성하기도 힘든 판에 즉위 초기(BC 484-481)에 그리스와의 전쟁(페르시아 전쟁)을 위한 계획에 몰두했다. 이는 그의 부친이 이미 실패한, 세 차례에 걸친 그리스와의 전쟁을 완수하기 위한 총력전이기도 했다.

아하수에로 왕 즉위 3년째인 BC 483년경 군사적인 점검과 출정식을 겸하여 열린 대규모 연회가 바로 에스더 1장에 나오는 180일간의 대축제였다.

왕위에 있은 지 제 삼 년에 그의 모든 지방관과 신하들을 위하여 잔치를 베푸니 바사와 메대의 장수와 각 지방의 귀족과 지방관들이 다 왕 앞에 있는지라 왕이 여러 날 곧 백팔십 일 동안에 그의 영화로운 나라의 부함과 위엄의 혁혁함을 나타내니라(에 1:3-4).

이 연회 기간 중에 일어난 왕비의 폐위와 새 왕비를 선출하는 극적인 사건이 구약성경 에스더에 구체적으로 기록되어 있다. 아하수에로 왕에게는 4명의 왕비가 있었으며 성경에 나오는 와스디는 네 번째 왕비로 갈대아 지역의 소국인 아르미안 여왕의 딸로 미모가 뛰어나 그가 가장 총애하던 왕후였다.

연회가 한참 무르익어 갈 때 그는 왕비의 아름다움을 많은 사람들에게 보이고 싶은 충동이 일어나 결례를 무시하고 많은 회중 앞에 왕비의 등장을 요구했다. 그러나 무례한 요구임을 깨달은 와스디는 즉각 거절했다. 이 사건이 빌미가 되어 그녀는 왕후의 자리에서 폐위되었으며 새로운 왕비를 간택하는 일이 추진되었다. 폐위된 와스디는 그 후 참수된 것으로 전해진다.

아마도 폐위를 주청했던 신하들이 혹시 이후에 있을지도 모르는 보복을 사전에 예방하기 위해 취한 조처였을지도 모른다. 그렇다면 와스디는 왜 왕명을 어겼을까? 유대인의 탈굼(히브리 원전을 아람어로 번역한 성경)이나 랍비의 구전에 의하면 왕비를 거의 나체로 나오라는 명령 때문이었다고 한다.

새로운 왕비를 간택하기 위한 절차는 선발된 후보자들에게 12개월 동안 피부관리와 왕 앞에 나갈 예법을 준비하는 기간이 주어지는 것으로 시작되었다.

이 기간 동안 왕비 후보자들은 한 사람씩 왕 앞에 나아가 하룻밤씩 잠자리에 대한 예절과 점검을 받는 철저한 과정이 실행되었다(에 2:13-14).

특별히 이 기간 중에는 왕의 성적인 만족도를 높이기 위해 방중술(잠자리에서 최고의 쾌락과 건강을 함께 유지하기 위한 기술)까지 익혔던 것으로 전해진다. 후보자들이 왕의 침소에 들어갈 때 당황하거나 실수하지 않도록 예방교육을 철저히 하는 것이었다. 이와 같은 길고도 지루한 절차를 거쳐 최종적으로 선발된 사람이 바로 유대의 포로 출신인 에스더였다.

포로로 잡혀온 지 100여 년 만에 유대인 포로 중에서 제국의 왕비가 탄생한 것이다.

사촌 오빠인 모르드개와 함께 포로의 신세로 살아가던 에스더의 본명은 하닷사였다. 그녀는 부모 없이 나이 많은 오빠의 수하에서 마치 딸같이 양육 받다가 대제국의 왕비로 신분이 바뀌었으며 모르드개는 대궐문에서 출입을 관리하는 업무를 맡게 되었다.

그 후 모르드개는 당시 왕 다음으로 최고의 실권자였던 하만이란 자에게 미움을 받게 되었는데, 그 결과 자신뿐 아니라 자기 민족인 유대인까지 전멸당할 위기에 빠졌다. 여기에서 자기 백성을 지키시고 보호하시는 하나님의 손길이 어떻게 구체적으로 임하는지를 성경은 기록하고 있다.

사실 구약성경인 에스더에는 하나님이란 단어가 한 번도 나오지 않는다. 그럼에도 불구하고 모든 역사의 배후에서 섭리하시는 하나님의 역사가 섬세하고 분명하게 드러나 있는 것을 알 수 있다. 그야말로 구속사의 진면목을 보는 듯하다.

이 사건을 통하여 유대인을 전멸시키려 했던 하만의 음모가 만천하에 공개되고 그의 가족과 함께 대적의 무리들은 일시에 처형당함으로써 하나님의 공의가 확실하게 드러남을 보여주고 있다. 위기에서 생명을 구한 유대인들은 이날을 기념하여 부림절로 기념하고 있다.

이후 아하수에로는 그리스를 침공하여 아테네를 불태우는 등 잠시 성공하는 듯했으나 BC 479년경 벌어진 살라미스 해전에서 크게 패전하고 말았다. 이 전쟁으로 그리스 정복에 대한 야망이 꺾인 그는 후궁들과의 환락에 빠지는 등 정사를 돌보지 않다가 궁중 반역으로 살해당했다.

에스더는 아하수에로 왕과의 사이에서 딸 다마스피아를 낳았다. 훗날 다마스피아는 아하수에로에 이어 왕이 된 아닥사스다 1세(전 왕비였던 와스디와 아하수에로 사이에 낳은 아들)와 이복 남매간에 결혼이 이루어졌다고 전해진다.

다마스피아는 그 후로 모친 에스더와 함께 예루살렘 재건을 위해 많은 후원을 하였으며 에스더는 왕후로서의 면모를 잃지 않고 아닥사스다 1세의 정사를 보좌하며 성실하게 살아간 것으로 알려지고 있다.

느헤미야 2장 6절을 보면, 술 담당 관원이었던 느헤미야가 아닥사스다 1세에게 자신을 예루살렘에 보내 무너진 성곽을 수축하도록 도와달라고 말할 때 곁에 왕후도 있었다고 기록되어 있는데 그녀가 아마도 에스더였으며 어느 정도 정사에도 관여했음을 짐작할 수 있다(한편 BC 5세기경 그리스 출신의 의사로 아닥사스다 2세의 주치의였던 크테시아스는 이때의 왕후를 아하수에로와 에스더 사이에 난 딸인 왕비 다마스피아로 주장).

지금도 이란 남부에 위치한 고도 수산성(수사라고도 부르며 현재는 슈쉬라고 부름)에는 에스더의 묘가 전해지고 있으며 많은 관광객들이 찾는 명소로 알려져 있다.

20세 전후의 나이(학자들의 주장)에 페르시아 제국의 왕비가 되어 "죽으면 죽으리이다"(에 4:16)의 결의로 민족을 구한 에스더는 분명 중보자 예수 그리스도의 모형이기도 하다.

포로에서 돌아와 성전을 재건한 유대인들

　신명기는 모세오경을 요약한 핵심 파일과도 같다.

　출애굽을 인도하고 40년간을 광야에서 백성들과 함께 생사고락을 같이한 후 마침내 약속의 땅이 보이는 요단 동편 모압 평지에 선 모세는 지난 날들을 회고하며 백성들에게 마지막으로 유언적인 고별 설교(교훈)를 남겼는데 그것이 바로 신명기다.

　특별히 그가 앞으로 가나안에 들어가 하나님의 말씀대로 살지 않고 우상을 숭배하며 율법을 떠나 살 때 그들에게 닥칠 재앙을 경고하는 내용은 가슴이 서늘해지는 느낌마저 들 정도이다.

　여호와께서 너와 네가 세울 네 임금을 너와 네 조상들이 알지 못하던 나라로 끌어가시리니 네가 거기서 목석으로 만든 다른 신들을 섬길 것이며 여호와께서 너를 끌어가시는 모든 민족 중에서 네가 놀림과 속담과 비방거리가 될 것이라(신 28:36-37).

하나님 앞에서 불순종의 길로 나아갈 때는 포로로 잡혀갈 것이라는 충격적인 경고이다.

이와 같은 예언적 선포는 이후 이사야, 예레미야 등을 통해서도 끊임없이 선포되었다.

여호와께서 사람들을 멀리 옮기셔서 이 땅 가운데 황폐한 곳이 많을 때까지니라(사 6:12).

내가 너희를 이 땅에서 쫓아내어 너희와 너희 조상들이 알지 못하던 땅에 이르게 할 것이라 너희가 거기서 주야로 다른 신들을 섬기리니 이는 내가 너희에게 은혜를 베풀지 아니함이라(렘 16:13, 9:15-16, 15:14, 17:4, 20:4).

이스라엘이 멸망하기 800여 년 전에 모세, 그리고 150여 년 전 이사야와 잡혀가기 직전 예레미야를 통해서도 같은 내용이 선포된 것이다. 북이스라엘이 BC 722년에 앗수르(앗시리아 제국)에 의해 멸망당한 후 약 130여 년이 지나 남유다 왕국마저 바벨론에 의해 세 차례(혹은 네 차례)에 걸쳐 포로로 잡혀가며 BC 586년에 결국 멸망하고 말았다.

첫 번째 포로들에는 BC 605년경 여호야김 시대 왕과 다니엘, 그리고 다니엘의 세 친구들이 있었다. 두 번째는 BC 597년 여호야긴 시대로 이 때에는 왕과 그의 가족들 그리고 선지자 에스겔이 함께 잡혀갔다.

그리고 BC 586년에는 예루살렘의 멸망과 함께 마지막 왕인 시드기야를 포함하여 많은 고관들과 백성들이 끌려갔다.

유다 멸망 후에도 바벨론 왕 느부갓네살의 사령관이던 느부사라단이 다시 예루살렘을 침공하여 성전과 왕궁을 불사르고 남은 자들을 다시 잡아갔다. 황폐한 땅에는 가난하고 비천한 백성들을 남겨 땅을 관리토록 하였다(렘 52:12-16). 범죄의 결과로 하나님께서 약속한 땅 가나안이 철저하게 유린당하고 만 것이다.

이와 같은 처절한 상황을 예레미야는 다음과 같이 탄식하고 있다.

슬프다 이 성이여 전에는 사람들이 많더니 이제는 어찌 그리 적막하게 앉았고 전에는 열국 중에 크던 자가 이제는 과부같이 되었고 전에는 열방 중에 공주였던 자가 이제는 강제 노동을 하는 자가 되었도다(애가 1:1).

그러나 BC 605년 첫 번째 포로로 끌려간 때로부터 약 70여 년이 지나자 귀환에 대한 하나님의 약속이 이루어지게 되었다. 즉 앗수르와 바벨론에 의해 지도에서 사라진 듯한 민족이 남은 자들을 통하여 회복되는 역사가 시작된 것이다. 이 하나님의 약속은 바벨론에 이어 근동의 새로운 패자가 된 페르시아 제국의 첫 왕 고레스에 의해 이루어졌다.

그는 즉위 원년에 포로를 귀환시켜 그들의 파괴된 예루살렘 성전을 재건하라는 칙령을 발표했다(대하 36:22-23, 스 1:1-3).

또한 귀환과 함께 강탈해 간 성전의 기물과 보물도 되돌려 주고 재건에 필요한 모든 물자까지 후원하라는 조서도 함께 발표했다. 이 귀환과 회복에 대한 예언 역시 선지자들에 의해 이미 예고된 것이었다.

> 여호와께서 이와 같이 말씀하시니라 바벨론에서 칠십 년이 차면 내가 너희를 돌보고 나의 선한 말을 너희에게 성취하여 너희를 이곳으로 돌아오게 하리라(렘 29:10, 16:15, 25:11-12, 33:10-11).

이렇게 하여 고레스의 칙령에 따라 BC 538년에 1차 귀환이 이루어졌다. 유다 왕국의 왕족 출신인 세스바살이 초대 총독이 되어 귀환자들을 이끌고 고국으로 돌아가게 된 것이다.

이후 두 차례(혹은 세 차례)에 걸쳐 스룹바벨, 에스라, 느헤미야 등 지도자들에 의해 80-100여 년간에 걸쳐 귀환이 이루어졌다. 이들 지도자 중 세스바살과 스룹바벨은 동일인인지 다른 인물인지는 확실치 않다. 이들은 귀환과 함께 성전 재건과 신앙 개혁 운동을 통해 포로 이후 예루살렘 성전 중심의 신앙생활에서 해이해지고 변질된 예배와 삶의 방식을 개혁하는 운동에 전력을 기울였다.

그러나 이처럼 몇 차례에 걸친 귀환 운동으로 모든 포로들이 돌아온 것은 아니었다. 70여 년이 흐르는 동안 포로의 땅에서 이미 삶의 기반을 닦고 정착한 많은 유대인들은 하나님의 백성이란 정체성을 잃지 않고 나름대로 살아가고 있었다. 이들은 이후 디아스포라(세계 속으로 흩어진 유대인들)의 조상이 되어 신약 시대 복음의 세계화에 없어서는 안 될 중요한 역할을 하게 되었다. 즉 그들은 복음의 접촉점이 되어 타 문화권으로 침투해 들어가는 복음의 가교 노릇을 한 것이다.

고국으로 돌아온 귀환자들은 고레스의 명에 따라 불타버린 성전을 재건하는 일에 힘을 쏟게 되었다.

그들은 귀환할 때 현지인들로부터 많은 금과 은, 짐승과 물건들 그리고 재건에 필요한 목재들도 칙령에 따라 기증받게 되었다(에 1:4-6). 그러나 성전 재건은 순조롭게 진척되지 못했다. 70년간의 포로 생활로 권력과 통치의 공백이 된 유다 땅을 점거하고 다스리던 총독들과 이민족들은 성전 재건을 끈질기게 반대했다.

이들은 페르시아 왕에게 계속 탄원하며 성전 건축을 못하도록 방해했다(스 4:1-6).

이들의 공작으로 성전 재건 사업은 실제 약 15-20여 년간 중단되기도 했다. 그러나 스룹바벨, 선지자 학개와 스가랴, 대제사장 여호수아를 중심으로 다리우스 즉위 2년인 BC 520년경에 왕의 재가를 얻어 멈추었던 공사를 다시 시작하였고 BC 515년, 마침내 완공하기에 이른다. 이 성전을 일컬어 제2의 예루살렘 성전 혹은 스룹바벨 성전이라 부른다.

그러나 이 성전도 셀레커스 제국의 안티오쿠스 에피파네스(BC 215-164년) 치세 중 반유대인 정책인 헬라화 정책에 따라 성전 내에 제우스 상이 세워지는 등 크게 훼손되었다. 이후 BC 63년 로마 폼페이우스의 예루살렘 침공 시 많이 파괴되었으나 이후 헤롯 왕이 유대인들의 환심을 사기 위해 다시 건축한 것이 예수님 시대에 있었던 헤롯 성전이었다.

이 세 번째 성전 역시 주후 70년 로마의 티투스(후에 황제에 오름)에 의하여 예루살렘 멸망과 함께 철저하게 파괴되고 말았다. 예수님의 예언이 성취된 것이다.

> 예수께서 이르시되 네가 이 큰 건물들을 보느냐 돌 하나도 돌 위에 남지 않고 다 무너뜨려지리라 하시니라(막 13:2, 눅 21:5-6).

제3의 성전이었던 헤롯 대성전이 티투스에 의해 파괴된 이후 예루살렘 성전은 다시 세워지지 않았다. 오히려 이슬람의 정복 과정에서 기독교의 성지였던 5대 교구 중 로마를 제외한 콘스탄티노플, 안디옥, 예루살렘, 알렉산드리아가 이슬람의 수중에 들어가면서 691년에 성전이 있던 위치에 이슬람 사원인 '바위의 돔' 모스크가 세워진 것이다. 이곳은 현재 이슬람의 성지뿐 아니라 유대교와 기독교의 성지로 되어 있어 국제적인 분쟁 지역으로 남아 있다. 특히 마호메트가 승천한 곳으로 믿는 이슬람에게는 메카와 함께 최고의 성지로 꼽는다.

아브라함이 이삭을 제물로 바치려 했던 곳, 솔로몬이 다윗의 숙원 사업으로 심혈을 기울여 세웠던 예루살렘 성전은 이제 흔적도 없이 사라지고 이방 신전이 자리 잡은 채 이스라엘과 아랍 세계가 첨예하게 대립하고 있는 분쟁 지역으로 남게 되었다.

성전에서 회당으로

유대인들에게 성전은 삶과 생명적 가치의 중심이며 기준이 되는 곳이다. 하나님께서 자신의 이름을 영원히 그곳에 두며 자신의 눈길과 마음이 항상 그곳에 있을 것임을 말씀하셨기 때문이다.

여호와께서 그에게 이르시되 네 기도와 네가 내 앞에서 간구한 바를 내가 들었은즉 나는 네가 건축한 이 성전을 거룩하게 구별하여 내 이름을 영원히 그곳에 두며 내 눈길과 내 마음이 항상 거기에 있으리니(왕상 9:3).

성전은 하나님이 계신 집이 아니라 하나님의 임재를 상징하는 곳으로써 임마누엘로 이 땅에 오신 예수님의 모형이요 예표이다. 하나님은 성전 안에 갇혀 계신 분이 아니기 때문이다.

그래서 솔로몬은 다음과 같이 고백하고 있다.

하나님이 참으로 땅에 거하시리이까 하늘과 하늘들의 하늘이라도 주를 용납하지 못하겠거든 하물며 내가 건축한 이 성전이오리이까(왕상 8:27, 사 66:1).

그러므로 예수님이 이 땅에 오신 이후 공간적이요 시각적인 성전의 의미는 사라지고 성령님이 계신 내 몸이 바로 성전의 의미를 갖게 되었다.

너희는 너희가 하나님의 성전인 것과 하나님의 성령이 너희 안에 계시는 것을 알지 못하느냐(고전 3:16, 6:19, 고후 6:16).

그러나 성전에 대한 참된 의미의 변화에도 오늘날 여전히 교회에 대한 잘못된 인식을 가진 성도들이 많은 것 또한 사실이다. 구약적 의미의 성전과 교회의 의미는 구별되어야 한다. 오늘날 교회는 성도들이 모여 예배드리는 곳으로써 세상과 구별된 장소일 뿐 구약적 의미와 같은 거룩하고 신령한 장소는 아니다. 따라서 교회가 그 사명을 잃어버린다면 교회 건물 또한 여지없이 사라지고 말 뿐이다. 그렇게 거룩하고 신령한 장소였던 구약의 성전이 그 흔적조차 없어진 것도 같은 맥락에 속한다.

성전은 출애굽한 이스라엘 백성들이 11개월간 머물렀던 시내산에서 세운 성막에 그 기원을 두고 있다. 출애굽 이듬해인 1월 1일에 성막을 완성한 후 2월 20일에 시내산을 출발한 이스라엘 백성들에게 이 성막은 광야 생활 특성상 이동하기에 편리하도록 만들어졌으나 하나님을 만나는 장소로써 신앙과 삶의 중심이 되었다.

가나안에 들어간 후 솔로몬 왕은 7년에 걸친 대장정 끝에 부친 다윗이 준비한 수많은 금과 은, 물자들을 동원하여 역사상 가장 화려하고 웅장한 성전을 건축했다. 성경에는 총 4개의 성전이 나오는데 3개는 역사적 실체이나 하나는 에스겔이 환상 중에 본 성전이다. 이 중 솔로몬 성전과 스룹바벨이 주도한 제2의 성전, 그리고 신약 시대에 완성한 헤롯 대성전은 전쟁의 참화로 사라졌고 현재는 그 자리에 이슬람 황금 사원으로 알려진 '바위의 돔'이 있으며 그 지역 예루살렘은 세계의 화약고로 남아 있다.

BC 586년 유다 멸망 후 바벨론에 포로로 잡혀간 유대인들은 성전 중심의 신앙생활에 커다란 변화를 맞게 되었다. 그들에게 이제 성전은 더 이상 삶과 가치의 중심일 수 없게 되었다. 전쟁의 참화로 성전은 불타버렸고 흔적조차 찾을 수 없었을 뿐더러, 예루살렘 성전이 있던 장소도 지리적으로 너무 멀었기 때문에 성전을 중심으로 하는 삶을 살아가기 어려웠다.

이에 따라 바벨론에 포로로 끌려간 이후 유대인들에게 성전에서의 율법 교육과 제사를 위한 모든 형식을 대체할 수 있는 장소가 자연스럽게 생겨나기 시작했다. 바로 회당의 출현이다.

바벨론 포로가 된 초기에 이미 회당의 원시 형태가 나타나고 있음을 볼 수 있다(겔 8:1, 20:1-3). 회당에서 성경을 복사하거나 율법을 교육시키는 서기관이나 랍비 등과 같은 전문적인 인력도 점차 나타나게 되었다. 이 제도는 갈수록 조직화되어 주후 70년 로마에 의한 멸망과 함께 유대인 공동체에서는 없어서는 안 될 유대교의 종교적, 사회적 구심체가 되었다. 성경에는 신약 시대에 이미 많은 회당이 생겨 신앙생활의 중심 역할을 하고 있었음이 기록되어 있다(눅 4:16-30, 행 13:5, 14:1).

그들이 가버나움에 들어가니라 예수께서 곧 안식일에 회당에 들어가 가르치시매(막 1:21).

회당에서는 회당장과 교육을 담당하는 랍비, 관리를 맡은 직원들이 있었다. 또한 회당에서는 율법과 선지서를 낭독하며 쉐마(신 6:4-9)를 암송하는 등 교육에 열심을 기울였다. 회중석에는 13세 이상의 남자만 출입이 가능했으며 이방인들은 엄격하게 통제되었다. 이와 같은 회당이 예루살렘을 중심으로 약 480개 정도가 산재하고 있었다.

유대인들의 신앙생활의 형태가 성전 중심에서 회당 중심으로, 제사 중심에서 예배 중심으로, 의식에서 교육 중심으로 바뀌기 시작한 것이다. 이것이 바로 포로 생활에서 할 수 있는 유일한 수단이었다. 유대교는 이런 과정을 통해 발전해 가고 있었다.

예수님 시대에도 벌써 회당을 중심으로 복음의 열기가 퍼지고 있었다. 회당장 야이로의 딸 사건(막 5:21-22)에서도 이미 복음이 회당을 중심으로 유대인들의 마음속에 깊이 파고들고 있음을 알 수 있다. 또한 사도 바울의 소아시아나 유럽의 선교현장에서도 회당을 매개체로 유대인들에게 복음이 전파되고 있음을 성경은 기록하고 있다.

살라미에 이르러 하나님의 말씀을 유대인의 여러 회당에서 전할새 요한을 수행원으로 두었더라(행 13:5).

그들이 암비볼리와 아볼로니아로 다녀가 데살로니가(그리스의 북부인 마케도니아 지역)에 이르니 거기에 유대인의 회당이 있는지라(행 17:1).

선교 사역에서 디아스포라 유대인들과 접촉점이 된 회당은 이후 복음 전파에 지대한 영향을 끼치게 되었다. 오늘날 전 세계의 어느 유대인 공동체 속에서도 쉽게 찾아볼 수 있는 회당은 생존력이 강한 유대인들의 자생 능력을 보여주는 증거이기도 하다.

구약의 신약적 성취를 위한 과도기
- 신구약 중간 시대

◆ 신구약 중간기에 일어난 주요 사건

BC 331년　　가우가멜라 전투에서 알렉산더에게 패한 페르시아 멸망, 알렉산더 제국(헬라 제국)이 건설되었다.

BC 323년　　알렉산더 33세로 사망, 이후 그의 제국은 네 개로 분할되었다.

BC 3세기경　알렉산드리아에서 히브리어로 된 구약성경을 헬라어로 번역한 70인 역이 출간되었다.

BC 175-163년　팔레스타인을 통치하던 안티오쿠스 4세(안티오쿠스 에피파네스)의 반유대 정책으로 인해 마카비 혁명이 일어났다.

BC 166-139년	유다의 마카비 시대(맛다디아 가문의 반란)
BC 140-63년	하스모니안 왕조 시대(유다의 독립 왕조)
BC 63년	로마 폼페이우스의 예루살렘 침공으로 유다가 로마의 속주가 되었다.
BC 30년	마지막으로 남아 있던 알렉산더 제국의 프톨레마이어스 왕국(이집트)이 로마에 편입되었다.

만군의 여호와가 이같이 말하노라 조금 있으면 내가 하늘과 땅과 바다와 육지를 진동시킬 것이요 또한 모든 나라를 진동시킬 것이며 모든 나라의 보배가 이르리니 내가 이 성전에 영광이 충만하게 하리라 만군의 여호와의 말이니라(학 2:6-7).

학개 선지자의 이와 같은 소망의 메시지가 선포된 이후 많은 유대인들은 메시야의 출현을 기대하고 있었다. 페르시아 제국의 통치하에서 온갖 고통과 절망을 겪으면서도 그들의 유일한 소망은 구약의 예언대로 메시야가 나타나 압박에서 해방되어 성전 중심의 신앙으로 복귀하는 것이었다. 그러나 성전 재건과 성벽 건축 이후에도 이스라엘 백성들은 학개 선지자를 통해 선포된, 곧 임하리라던 '하나님의 영광'이 기대대로 이루어지지 않자 점차 불신앙적인 늪에 빠지게 되었다.

그들은 십일조와 제물에 대한 불성실함, 우상숭배와 이방인과의 결혼, 율법에 대한 경시 등 영적인 무관심 속에서 살아가고 있었다. 예수의 탄생 시까지 이런 상황은 계속되었다.

구약의 말라기 선지자 이후부터 신약성경의 세례 요한이 나타나기까지 어떤 선지자의 계시적 선포나 예언도 없는, 구속사의 진행이 중단된 듯한 영적인 암흑 상태가 약 4백여 년간 이어졌다. 마치 새벽이 밝기 전(예수님의 탄생)이 가장 어두운 것같이 이 시대는 하나님의 간섭이 멈춘 듯한 어두운 상황이었다.

이와 같이 구약성경의 말라기로부터 신약의 마태복음까지 성경이 침묵하고 있는 시기를 신구약 중간기라 부른다. 이 시기에 페르시아 제국에 이어 세계사의 전면에 나타난 헬라 제국은 다시 로마 제국으로 판도가 바뀌어 가며, 정치적으로나 사회적으로 세계의 질서가 동방에서 서방으로 이동해 가는 혼란한 시대였다.

이 기간 중 헤롯에 의하여 예루살렘 성전(신약 시대의 성전)이 재건되었으며 이후에 복음에 가장 적대적인 세력으로 등장한 유대교가 형성되었다. 팔레스타인(유다 지역)의 지배 세력이 계속 바뀌면서 나라의 회복을 기다리던 유대인들은 강대국들의 압제가 계속되고 기다리던 영적 지도자가 나타나지 않자 구심점을 잃고 점차 실의와 절망 속에 빠져들었다.

이스라엘의 2천 년(아브라함부터 예수의 탄생까지) 역사에서 약간의 변형은 있었으나 그들의 정치적인 형태는 기본적으로 신정정치의 틀에서 크게 벗어나지 않았다. 따라서 하나님의 계시가 중단된 400여 년간의 신구약 중간 시대는 이스라엘에게 있어서 하나님의 구속사가 단절되는 듯한 심각한 영적 암흑기였다.

BC 539년에 메대 바사(페르시아 제국)에 의한 바벨론의 멸망과 함께 포로에서 귀환한 이스라엘 백성들은 강대국들의 압박과 예속에서 해방되지 못하다가 마침내 메시야의 출현을 맞게 된다.

페르시아를 멸망시키고 헬라 제국(일명 알렉산더 제국)을 건설한 알렉산더가 33세의 젊은 나이에 갑자기 사망하자 제국은 그의 휘하 장군들에 의하여 네 개로 분할되었다.

이 중 이집트를 지배하게 된 프톨레미 왕조의 관할 하에 들어간 유다는 그 후 시리아를 통치하던 셀루커스 왕조의 통치를 받게 되었다. 이 시기에 유다는 셀루커스 왕조의 헬라화 정책에 의해 심한 박해를 받게 된다. 특히 안티오쿠스 4세(안티오쿠스 에피파네스: BC 175-164년) 때에 그 박해는 절정을 이루었다.

그는 예루살렘을 침공하여 황폐화시키고 성전에 제우스상(로마의 주피터상)을 세우며 유대인들이 부정한 동물로 기피하는 돼지를 제물로 드리는 등 성전의 위상을 크게 훼손시켰다. 더욱이 안식일과 할례 의식을 폐지하는 등 반 유대교 정책을 시행하며 강압 통치를 계속했다.

이에 대항하여 유대인들은 강력한 저항 운동을 일으켰는데 당시 제사장이었던 맛다디아는 자신의 다섯 아들들과 함께 영웅적인 반란을 주도했다. 맛다디아가 죽은 후 셋째 아들인 유다가 뒤를 이어 저항 운동을 지휘하게 되는데, 약 백여 년 동안 진행된 이 기간을 마카비 시대라고 부른다. 이 시기에 유다는 시리아군을 예루살렘에서 몰아내고 일시적으로 독립을 쟁취했다. 이 시기를 하스모니안 왕조 시기라 부르는데 하스모니안 왕조는 BC 63년 로마의 침공으로 종말을 고하게 된다.

당시 로마는 이탈리아 반도를 평정하고 지중해를 장악하는 등 제국으로 나아가는 시기였다. 로마는 쇠퇴해 가던 셀루커스 왕조를 멸망시키고 그의 수중에 있던 유다마저 BC 63년에 폼페이우스가 점령함으로써 이스라엘은 로마의 통치하에 들어가게 되었다.

마지막으로 남아 있던 헬라 제국의 이집트는 미색을 겸비한 클레오파트라의 현란한 외교술에도 불구하고 BC 30년 안토니우스와 그녀의 연합 함대가 악티움 해전에서 로마의 옥타비아누스에게 패함으로 헬라 제국의 문패를 내리게 되었다.

해전에서 승리한 옥타비아누스는 케사르(줄리어스 시저)의 양자였는데, 권력의 정상에 있던 양부 케사르가 급작스럽게 암살을 당하자 그의 부하였던 노련한 안토니우스를 제압하고 어린 나이에 실권을 장악했다. 당시 안토니우스는 그의 상관이었던 케사르의 여인, 클레오파트라와 사랑에 빠져 정상을 앞에 둔 채 목숨을 잃고 말았다.

이 시기는 로마가 공화정을 끝내고 제정으로 들어가는 중요한 때였다. 따라서 옥타비아누스는 제정의 첫 황제가 되는 영예를 얻게 되었다. 그가 바로 누가복음 2장 1절에 나오는 가이사 아구스도(BC 27-AD 14년 재위)이다. 그는 로마 제국의 기초를 놓은 인물이었으며 그의 재위 중에 예수님이 탄생하셨다.

이와 같이 400여 년간 지속된 신구약 중간 시대는 영적으로는 암울한 시기였으나 메시야를 대망하는 준비와 기다림의 시기였으며, 정치적으로는 제국이 교체되고 유대 사회에서는 새로운 사회 계층이 태동하는, 종교적으로 혼란한 시대였다.

이 시기는 마치 신생아의 탄생을 기다리는 진통의 시간이기도 했다. 또한 예루살렘 성전의 제사 중심에서 랍비가 주도하는 회당 중심의 신앙 형태로 바뀌어 가는 과도기였다.

그러던 중 성경의 역사상 가장 획기적인 사건이 3세기 초에 일어나게 된다.

유대인들은 오랜 세월 강대국의 지배하에 들어가면서 자신들의 언어인 히브리어를 거의 잊어버리고 팔레스틴 지역에서조차 아람어가 편리하게 사용되고 있었다. 그런데 당시 유대인 디아스포라가 가장 많이 살고 있던 알렉산드리아에서 72명의 유대인 랍비들(12지파에서 각 6명씩 뽑힌 대표자들)이 모여 히브리어로 된 성경을 헬라어로 번역하여 출간한 것이다. 이것이 바로 우리에게도 잘 알려진 70인 역으로 이 번역본은 이후 많은 언어로 번역되어 마치 성경의 원본과도 같이 사용되었다. 참으로 성경 번역의 이정표와도 같은 놀라운 결실이었다.

오리엔트에서 시작된 인류의 문명이 서쪽으로 이동하면서 신구약 중간기에 그리스는 철학, 예술 과학 등 분야에서 황금기를 이루는 시기였다. 플라톤과 아리스토텔레스가 이 시대를 대표하였으며 마케도니아의 알렉산더 대왕은 전 그리스를 통일하고 당대 최강인 페르시아 제국과의 전쟁에서 승리함으로써 헬레니즘 세계를 화려하게 개막시켰다.

헬레니즘 세계를 개막시킨 알렉산더
- 가우가멜라 전투

BC 331년 10월 1일, 현재 이라크의 모술 지역에 있는 가우가멜라 평원에서는 25세의 젊은 알렉산더(BC 356-323)가 지휘하는 47,000명의 마케도니아군과 100,000명이 훨씬 넘는 페르시아의 다리우스 3세 간 한판 승부가 벌어졌다.

페르시아군은 보병 이외에도 200대의 최신형 전차와 15마리의 전투용 코끼리로 무장하였는데 49세의 노련한 다리우스 3세가 직접 지휘하는 최정예 부대였다. 2년 전 소아시아의 이수스 전투에서 패전, 왕비와 딸 등이 포로로 잡혀가는 수모를 당한 다리우스 3세로서는 그때의 패배를 설욕할 회심의 일전이었다.

마케도니아를 통솔하는 알렉산더는 필리포스(359-336 재위)에 이어 약관 20세에 왕위에 오른 패기 넘치는 젊은이로 대제국 페르시아의 황제와 겨룬다는 것 자체가 어쩌면 무모하고도 오만한 일처럼 보였다. 그러나 중장보병을 주축으로 무장한 마케도니아의 알렉산더는 18세 때 이미 부친을 따라 아테네, 테베 그리고 코린토스(신약성경의 고린도)로 구성된 연합군과의 카이로네이아 전투에 참가하며 전술과 병법을 친히 익히는 등 장차 왕이 되기 위한 견문을 쌓아가고 있었다. 또한 그는 아리스토텔레스에게서 3년간 윤리학, 철학, 정치, 자연 과학 등을 공부하며 문무를 겸비한 준비된 청년이었다.

필리포스 2세와 에피로스의 공주였던 올림피아스 사이에서 태어난 그는 부왕인 필리포스가 암살되자 왕의 자리에 올랐으며 때마침 반란이 일어난 테베를 정복하고 점차 그리스 세계를 수중에 넣기 시작했다. 22세 때 그는 마케도니아군을 이끌고 당시 최강을 자랑하던 페르시아를 원정하여 이수스 전투에서 다리우스 3세를 패배시킨 후 시리아, 페니키아(팔레스타인의 지중해 연안 지역)를 거쳐 이집트를 정복하고 나일강 하구에 자기 이름을 딴 알렉산드리아를 건설하는 등 승승장구했다.

그 후 2년이 지난 BC 331년, 알렉산더는 재기를 노리던 페르시아와 최후의 승부를 건 전투를 메소포타미아의 가우가멜라 평원에서 벌이게 된 것이다. 다리우스 3세로서는 페르시아의 명운이 걸린 물러설 수 없는 리턴 매치였다. 그러나 이 전투에서 알렉산더는 천재적인 전술과 기법으로 다리우스 3세의 대군을 궤멸시키고 최후의 축배를 들게 되었다.

전투에서 패한 다리우스 3세는 도피하던 중 부하인 베수스 총독에게 죽임을 당하고 만다. 200여 년간 존속했던 아케메네스 왕조의 페르시아는 그렇게 멸망하고 말았다.

　알렉산더는 수도인 페르세폴리스와 제2의 수도인 수사(성경에 나오는 수산성)를 자신의 군대에게 마음껏 약탈하도록 하였으며 궁전을 불태우고 자신이 진정 페르시아의 계승자임을 선포했다. 그러나 적장 다리우스의 장례식은 정중하게 집행하는 예우를 취하기도 했다.

　이후 그는 인더스강을 거쳐 인도의 펀자브 지역까지 진출하였으나 장기간의 원정으로 피로해진 부하들의 만류로 회진하게 된다. 그는 포로로 잡혀있던 다리우스 3세의 딸인 스타테이라와 결혼하고 자신의 부하 약 만여 명도 페르시아 여성들과 합동 결혼시켰으며 페르시아의 귀족 청년 약 3만 명을 선택하여 헬라어를 가르쳐 자신의 친위대로 삼는 등 동서 문명의 융합을 시도했다.

　알렉산더는 이와같이 오리엔트 문화와 그리스 문화를 혼합시켜 새로운 헬레니즘 문화를 탄생시켰다. 그는 페르시아가 보유한 엄청난 양의 금 약 30만kg을 접수하여 화폐를 제조하는 등 대제국을 건설하는 데 사용하였으며, 자신이 정복한 지역에 약 70여 개의 자신의 이름을 붙인 알렉산드리아 도시를 건설했다. 그 중 이집트에 건설한 알렉산드리아는 당시 인구가 50만 명에 달하는 최고로 번영한 도시였다. 아테네의 주화를 공식 화폐로 정하고 그리스의 언어인 헬라어를 공용어인 코이네로 선포하면서 이후 제국 어디에서나 언어의 장벽 없이 교류하는 데 편리하도록 했다.

　이렇게 건설된 알렉산더 제국(헬라 제국)은 그리스 문화를 동방에 접합하여 새로운 문명을 창조했는데 바로 헬레니즘 문명이었다. 이를 통하여 사람과 물자가 넘나들고 그들의 세계관과 사고가 교류되면서 헬레니즘 세계는 널리 확산되었다. 이 문명은 로마가 지중해를 장악하기까지 꽃 피우게 된다.

그러나 승승장구하던 알렉산더에게 예상치 못한 어둠이 찾아왔다. BC 323년 그가 계획했던 아라비아 원정을 하지 못한 채 갑자기 열병에 걸려 12일간 심한 고통을 겪다 33세의 나이에 세상을 떠나고 만 것이다. 고국을 떠난 지 10년 만에, 오리엔트 세계에서 인도까지 약 7,500km를 원정하며 바람처럼 살았던 알렉산더는 그렇게 허무하게 위대한 생을 마감했다.

알렉산더 사후 그의 두 번째 부인이었던 스타테이라는 박트리아 왕국의 공주였던 첫 번째 부인 록사나에 의해 죽임을 당했으며 얼마 안 되어 록사나 역시 알렉산더 휘하의 장수였던 카산더에게 살해되고 말았다. 게다가 알렉산더와 록사나 사이에서 태어난 유복자와 알렉산더의 생모였던 올림피아스, 그리고 왕의 친족들마저 누군가에 의해 죽임을 당하고 만다.

알렉산더는 원정 중에 자신의 전 재산을 전쟁 비용으로 사용하면서 "나는 희망만 가지면 된다"라는 명언을 남기기도 했다. 전쟁에서 패배한 적이 없는 그는 남으로는 이집트, 동쪽으로는 인도의 북서부까지 원정하며 거대한 제국을 건설하였으며 동서양을 아우르는 헬레니즘 세계를 구축했다.

헬레니즘 세계는 동쪽으로는 인더스강에서 지중해에 이르는 광활한 지역을 포함하였으며 페르시아의 멸망 이후 마지막으로 남아 있던 이집트의 프톨레마이어스 왕국이 로마에 합병되는 BC 30년까지 약 300여 년간을 꽃 피웠다. 이 시대를 헬레니즘 시대라 부른다. 그러나 로마 제국이 들어선 후에도 헬레니즘 문명과 사상은 계속 유지되었다. 알렉산더 사후 얼마간의 혼란 끝에 제국은 그의 부하들에 의하여 네 왕국으로 분할되었다.

프톨레마이어스는 이집트와 팔레스타인과 시리아 일부를, 카산더는 마케도니아와 그리스를, 리시마쿠스는 트라키아와 소아시아 대부분을, 그리고 셀류커스는 페르시아와 소아시아 일부를 분할 통치하게 되었다. 그리고 지금의 이란 지역에는 파르티아와 박트리아 두 왕국이 독립하여 존속했다.

BC 30년 헬라 제국으로 마지막까지 남아 있던 클레오파트라가 통치하던 이집트의 프톨레마이어스 왕국은 그녀의 애인이었던 안토니우스와의 연합군이 로마와의 악티움 해전에서 옥타비아누스(후에 로마의 초대 황제가 됨)에게 패하므로 로마의 속주로 편입되었다. 이로써 알렉산더 제국(헬라 제국)은 사라지게 되었다.

헬레니즘 시대에는 그리스의 철학과 과학, 바벨론의 천문학, 이집트의 기하학 등이 어우러져 새로운 지식 세계가 열렸다. 오리엔트와 북아프리카 지역은 헬레니즘 문명으로 재편되었다.

기하학의 유클리드, 물리학의 아르키메데스, 태양 중심설을 주창한 아리스타르코스, 지구의 자오선을 측정한 에라토스테네스 등이 그 시대에 나타난 인물이었다. 그러나 뭐니뭐니 해도 헬레니즘 세계는 기독교를 세계 종교로 확산시키는 데 결정적인 밑거름이 되었다.

헬레니즘의 학문과 사상은 로마 시대에까지 지속되었으며 이는 전 제국을 한 문화권에 종속 시킴으로써 문화의 장벽 없이 복음이 국경을 넘는 데 절호의 기회와 양질의 토양을 제공했다. 헬라어가 제국 내의 공용어가 되면서 태어난 히브리 원전이 헬라어로 번역되어 나온 성경(70인 역)은 가히 헬레니즘이 탄생시킨 최고의 걸작품이라 할 수 있다.

가우가멜라 전쟁이후 알렉산더는 그리스 문명을 헬레니즘 세계로 확장하여 자신의 정치적 이상이었던 동서 융합과 다문화 정책을 발전시켜 인류 문명사에 꽃을 피우게 되었다. 한편 이후에 탄생한 기독교(유대교)의 헤브라이즘과 함께 헬레니즘은 서구 문명을 이해하고 해석하는 데 있어 빼놓을 수 없는 키워드가 되었다.

유대인의 자기 저주

역사상 이스라엘 민족의 수난사는 열거하기조차 힘들 정도이다. 특히 예수님의 십자가 사건 이후 하나님의 아들을 죽인 민족이란 악명으로 인해 유럽 사회에서는 점점 그들에 대한 인식이 싸늘하게 바뀌어 갔다. 유럽인들의 이와 같은 사고는 중세 이전부터 이미 시작되었다. 그들은 하나님의 유대인에 대한 선택은 그 유효성이 이미 끝났고 오히려 그 선택의 경계가 유대교에서 기독교로 넘어왔다고 생각했다.

최초의 교황으로 알려진 그레고리 1세(590-604)는 유대인의 회당 건축을 금지했으며 설교 역시 반 유대적인 성격을 띠기 시작했다. 1096년 십자군 운동이 시작되면서 그들이 지나가는 지역의 유대인들은 예수를 죽인 악마의 자식이라 하여 무참히 학살당했으며 1099년 예루살렘 탈환 후에는 유대인들을 회당에 모아놓고 불을 지르기까지 했다.

1391년 리베리아 반도(스페인 지역)에서는 반유대인 폭동이 일어나 수많은 유대인들이 학살당했다. 그들은 유대교로부터 기독교(당시는 카톨릭)로의 개종을 강요당했으며 이후 레콘키스타(이슬람 통치로부터 리베리아 반도를 기독교 국가로 재탈환하기 위한 회복 운동)가 완성된 1492년에는 기독교로 개종하기를 거부하는 약 40만여 명의 유대인들이 재산을 빼앗긴 채 국외로 추방당했다.

14세기에 발병한 페스트(일명 흑사병)로 유럽 인구의 3분의 1이 죽었을 때도 유대인들은 그 저주에서 벗어날 수가 없었다. 유대인들이 우물에 독을 풀었다는 근거 없는 소문 때문에 수많은 유대인들이 희생을 당했다. 1880년 러시아의 페테르 부르그에서는 한 정신병자에 의해 황제가 폭사당하는 사건이 발생했다.

현장에서 체포된 범인을 심문하던 중 그의 몸에 할례(유대인들이 하나님과의 언약 관계를 상징으로 신체에 행하는 표시)의 흔적을 이유로 사건 배후에 유대인의 음모가 있었다고 조작한 후 그 이듬 해에 법을 제정하여 러시아에 거주하는 모든 유대인을 3등분한 뒤 3분의 1은 학살, 3분의 1은 강제 추방, 나머지는 노예로 전락시키는 가혹한 조치를 단행했다.

2차 대전이 종료되어 가던 1945년 1월 폴란드의 유대인 수용소인 아우슈비츠로 진격해 가던 소련군은 수용소에서 비참하게 학살당한 유대인들이 남긴 118만 벌의 의복, 7.7톤의 머리카락, 산더미처럼 쌓인 가방과 신발, 그리고 미처 처리하지 못한 600구의 시체를 발견했다.

이처럼 유대인들은 역사적으로 오랜 세월 동안 수많은 지역에서 고난과 박해를 당해 왔다. 특히 기독교 문명권인 유럽에서는 예수 그리스도를 죽인 민족이라는 반유대적 정서와 특이한 민족적 편견으로 인하여 끊임없이 시련을 당했다. 종교 개혁자 마르틴 루터는 그의 저서 『악마론』에서 "악마를 제외하고 가장 흉측하고 광포한 인류의 적은 유대인이다"라고까지 선언했다.

세계에서 가장 위대하고 우수한 민족, 스스로를 하나님의 선택받은 민족이라 자부하며 살아온 그들이 왜 이렇게 끊임없는 수난에서 벗어나지 못했을까? 여기에는 중요한 단서가 있음을 우리는 성경에서 발견하게 된다.

신약성경 마태복음 27장에는 유대인들이 예수를 빌라도 총독에게 고소하는 내용이 기록되어 있다. 예수님이 죄 없음을 알고 풀어주려는 빌라도에게 유대인들은 십자가에 못박으라고 외치면서 그 피 값을 우리와 우리 자손에게 돌리라고 부르짖었다.

얼마 전까지만 해도 오병이어로 오천 명을 먹이고, 죽은 자를 살리고, 수많은 병자들을 고치고, 어린 나귀를 타고 예루살렘으로 들어가시는 예수를 향해 "호산나 찬송하리로다 주의 이름으로 오시는 이여"(막 11:7-10, 눅 19:38)라고 부르짖던 그들이 아니었던가? 그러나 지금 그들은 빌라도에게 그를 죽이라고 외치고 있는 것이다. 그리고 그 죄 값은 우리가 받겠다고 스스로 선언하고 있다.

백성이 다 대답하여 이르되 그 피를 우리와 우리 자손에게 돌릴지어다
(마 27:25).

참으로 어처구니없는 선언이요 자신과 후손들에 대한 혹독한 저주였다. 이와 같은 저주가 자신과 후손들에게 족쇄가 되어 생생하게 되돌아올 줄 그들은 꿈엔들 생각했을까?

민수기 14장 1-3절에는 가나안 정탐을 마친 후 돌아온 10명의 보고, 즉 자신들은 가나안을 정복할 수 없다는 내용을 듣고 많은 이스라엘 백성들이 울부짖으며 왜 우리를 애굽에서 이끌어내어 광야에서 죽게 하느냐고 원망하고 탄식하는 내용이 기록되어 있다. 그들은 차라리 이 광야에서 죽었으면 좋았겠다고 울부짖으며 스스로를 저주했다.

결국 그들은 스스로가 저주했던 대로 여호수아와 갈렙을 제외하고는 한 사람도 가나안 땅에 들어가지 못한 채 광야에서 죽었다고 성경은 기록한다.

새 땅에 들어가 살게 될 것이라는 놀라운 약속을 받았지만 그들 스스로 그 약속과 희망을 내던진 채 축복 대신 오히려 저주를 선택한 것이다. 형식과 방법은 다를지라도 오늘날에도 자기 저주의 행위는 역사 속에서 끊임없이 연출되고 있다.

19세기 독일의 역사학자인 랑케(Leopold Von Ranke, 1795-1886)는 확실한 자료 비판에 기초한 객관적이고 과학적 사실에 근거하여 역사가 새롭게 서술되어야 한다고 주장했다. 즉 초자연적인 기적, 영적인 내용, 비과학적인 사실은 역사의 기록에서 제거되어야 한다고 말함으로써 새로운 역사 해석의 지평을 열어놓았다. 이에 따라 자유주의 신학자들이 복음서에 나타난 예수의 생애를 역사 비평학적인 관점에서 새로운 각도로 해석하는 소위 고등 비평이 시작되었다. 그 논리에 근거하여 급기야 그들은 신약성경에 나타난 예수의 동정녀 탄생, 그의 부활과 승천, 그 외 모든 기적들은 역사적 사실이 아닌 신화적인 것으로 왜곡하기에 이르렀다. 최근 극히 일부 신학자들과 목회자들 가운데에도 복음서에 나타난 많은 기적들과 초자연적 사건은 1세기 기독교 공동체에서 만들어낸 종교적 작품이었다고 주장하고 있다.

 2천 년 전 예수를 십자가에 처형할 것을 주장하고 그 죄 값을 자기와 후손들이 받겠다고 외쳤던 무리들과 전혀 다르지 않는, 성경을 파괴하는 자기 저주 행위이다. 오늘날 기독교가 당면한 최대의 적은 타락한 인간의 이성이다. 이성은 하나님께서 인간에게 주신 가장 소중한 선물이요 분별력이다. 그러나 타락 이후에 이성은 상당 부분 손상되었으므로 이성에 절대적인 가치를 둘 수 없게 되었다. 타락한 문명과 사회, 죄로 오염된 이성이 절대 선을 향하여 도전하는 세대, 불의가 진리를 오도하고 피조물이 조물주를 향하여 저항하는 전도된 세상에서 우리는 살아가고 있는 것이다.

유대의 멸망과 최후의 저항
- 마사다의 비극

　이스라엘은 430년간 애굽에서의 학대를 시작으로 역사상 수많은 고난과 시련을 겪어 온 민족이다. 그 중에서도 두 번에 걸친 예루살렘 멸망은 하나님 중심적인 신앙과 삶에 일대 변화를 초래했다.

　첫 번째 예루살렘 함락은 BC 589년, 신 바벨론 군대에 의해 3년 5개월간 포위 끝에 BC 586년에 이루어졌다. 성이 풀리면서 도주하던 마지막 왕 시드기야는 붙잡혀 적국의 왕 앞에서 자신의 아들들이 살해당하는 광경을 목격하였으며 그의 두 눈은 뽑힌 채 놋사슬에 결박되어 바벨론으로 끌려갔다.

　예루살렘 성전은 불탔고, 성전과 왕궁의 각종 보물과 기물들이 대량 탈취되었으며 성벽은 파괴되고 전 국토는 적들에게 마음껏 유린당했다.

많은 지도자들이 죽임을 당하고 왕족들을 포함하여 수많은 백성들이 포로로 끌려갔으며 폐허가 된 땅에는 비천한 노약자들만 남았다.

약속의 땅으로 믿고 살아가던 그곳에 절망과 적막함만이 남게 되었다. 그러나 70년간의 포로 생활 끝에 바벨론 제국에 이어서 들어선 페르시아 제국의 고레스 왕은 즉위 원년(BC 539년)에 그들에게 해방을 선포했다. 또한 원하는 자들은 누구든지 본국으로 귀환하여 무너진 예루살렘 성전을 재건하라는 칙령을 공포했다.

> 바사 왕 고레스(Cyrus, BC 601-530) 원년에 여호와께서 예레미야의 입을 통하여 하신 말씀을 이루게 하시려고 바사 왕 고레스의 마음을 감동시키시매 그가 온 나라에 공포도 하고 조서도 내려 이르되 바사 왕 고레스는 말하노니 하늘의 하나님 여호와께서 세상 모든 나라를 내게 주셨고 나에게 명령하사 유다 예루살렘에 성전을 건축하라 하셨나니 이스라엘의 하나님은 참 신이시라 너희 중에 그의 백성된 자는 다 유다 예루살렘으로 올라가서 이스라엘의 하나님 여호와의 성전을 건축하라 그는 예루살렘에 계신 하나님이시라(스 1:1-3, 대하 36:23).

이전 왕조에서 포로로 끌려온 백성들에게 해방을 주어 귀환토록 하고 그들의 신전을 재건하라는 명령은 역사상 유례를 찾기 힘든 조처였다. 대대로 그 나라의 노예가 되어 한평생을 살아가는 것이 포로들의 운명이기 때문이다.

포로와 귀환에 대한 내용은 하나님께서 이미 예레미야를 통해 수차례

예언한 바 있었다(렘 25:11, 29:14, 30:3, 33:7 등). 여기에서 포로 생활 70년이란 다음 두 가지 중 하나로 해석된다.

1. BC 605년(1차 포로) - BC 536년(첫 귀환이 이루어지던 해)
2. BC 586년(예루살렘 멸망) - BC 515년(성전이 완공되던 해)

이에 백성들은 스룹바벨, 에스라, 느헤미야 등 지도자들에 의해 세 차례에 걸쳐 귀환하였으나 이미 바벨론에 정착하여 안정된 생활을 하고 있던 많은 이들은 유대인 공동체를 이루며 디아스포라(흩어진 유대인)의 원조가 되기도 했다.

따라서 1차 예루살렘 멸망은 흔적도 없이 사라진 완전한 멸망은 아니었다. 그 후에 그들은 다시 나라를 재건하여 국력을 회복했기 때문이다. 그러나 AD 70년에 있었던 두 번째 예루살렘 멸망은 그 후 몇 차례에 걸쳐 산발적인 저항 운동이 일어났지만 결국 지도상에서 완전히 지워져 없어지는 종편이 되고 말았다.

66년에 예루살렘에서 일어난 유대인 폭동을 진압하기 위해 네로 황제는 베스파시안 장군을 사령관으로 삼아 출정을 명했다. 이에 그는 자신의 아들인 티투스(후에 황제에 오름)를 대동하고 갈릴리 지역을 맨 처음 공략했다. 이 전투에서 많은 유대인들이 살해당했으며 약 3만 명은 잡혀 노예로 팔렸고 젊은 유대인 포로 6천여 명은 고린도 운하(길이 6.3km, 넓이 25m, 수심 7m의 대공사였으나 성공하지 못함) 공사에 대거 투입되었다. 그러나 폭동의 완전 진압에는 실패하였기 때문에 로마군은 70년에 다시 원정을 감행했다.

네로황제의 자살로 혼전 끝에 69년 황제의 자리에 오른 베스파시안 장군은 아들인 티투스를 사령관으로 4개 군단(한 개의 군단은 시대에 따라 약간 차이가 있으나 통상 6,000~9,000명으로 구성)을 편성하여 예루살렘을 다시 침공했다. 끈질기게 저항하는 그들을 제압하지 못하던 로마군은 예루살렘 성과 같은 높이의 토성을 쌓아 공성 무기로 공략하여 6개월 만에 성을 함락하는 데 성공했다. 당시 유월절 행사로 수많은 유대인 순례자들이 성에 모였던 터라 희생자는 많을 수밖에 없었다.

1세기 유대인 역사가였던 요세푸스의 기록에 의하면 포위된 유대인들은 양식이 떨어지자 자식이 먹는 빵까지 빼앗아 먹고 기근에 죽은 시체를 치울 수조차 없어 거리에 버렸다. 심지어 이성을 잃은 강도떼들은 가택에 침입하여 입에 넣은 빵까지 빼앗는 아비규환의 상황이 벌어졌다고 적고 있다.

예루살렘 성이 함락되면서 항복하지 않고 끝까지 저항하던 강경파 유대인들은 엘리에젤 벤 야이르의 지휘하에 약 960여 명의 열심 당원(일명 젤롯당으로 불리던 강경파 민족주의자들)이 천연 요새로 알려진 마사다로 피신하여 저항을 이어갔다.

마사다는 예루살렘에서 약 90여km 떨어진 거대한 바위 절벽에 위치한 높이 약 400여 미터의 요새로써 접근하기 매우 힘든 곳이었다. 그 안에는 많은 사람들이 오랫동안 버틸 수 있는 식량 창고, 무기고, 물 저장실 등 기본 시설이 잘 갖추어져 있었는데 34년에 헤롯이 유사시를 대비하여 대규모 공사를 일으켜 세운 곳이다. 이곳에는 포도주, 기름, 콩, 대

추야자 등이 항상 충분히 보관되어 있고 만여 명의 군인이 유사시에 사용할 수 있는 무기가 갖추어져 있었다.

그러나 2년간을 버티며 결사 항전하던 유대인들에게 불행이 닥쳐왔다. 72년 바수스 후임으로 유대의 총독이 된 플레비우스 실바가 9천 명의 병력과 유대인 전쟁 포로가 동원된 제10 군단 병력을 이용하여 같은 높이의 토성을 쌓아 진입하는 데 성공한 것이다.

토성을 쌓는 데는 포로로 잡힌 6천 명의 열심 당원 유대인들이 주축이 되었다고 한다. 동족을 죽이는 데 같은 유대인들이 동원된 것이다. 진압이 임박해 오자 요새 안에 있던 유대인들은 그들에게 잡혀 비참하게 죽느니 스스로 목숨을 끊는 것이 낫다고 생각하여 극단적인 결단을 하게 되었다.

73년 드디어 로마군이 요새에 진입하며 불을 지르기 시작하자 그들은 죽기 전에 창고에 보관 중인 식량을 제외하고는 모두를 불태워 버렸다. 먹을 것이 없어서 항복한 것이 아니라 적군에게 생명을 구걸하지 않겠다는 결의를 행동으로 보여주기 위해서였다.

그리고 엘리에젤 벤 야이르의 명령에 따라 모든 가장들은 집으로 돌아가 각자의 식구들을 자기 손으로 죽여야 했다. 남은 남자들은 제비를 뽑아 다시 10명을 택하여 그들로 하여금 모든 남자를 죽인 후에 그 10명 중 하나가 9명을 죽이고 자신은 스스로 목숨을 끊는 비장한 결단까지 했다. 천신만고 끝에 요새를 정복한 로마 군인들은 그들 앞에 벌어진 장엄한 죽음 앞에 압도되어 말을 잇지 못한 채 승리감을 즐기지 못했다고 전해진다.

"로마인의 노예로 사느니 죽어서 자유인이 되겠다"라는 가치에 더 높은 의미를 부여한 유대인 정신이었다. 마사다를 완전 장악한 플레비우스 실바는 죽어간 엘리에젤에게 다음과 같이 헌사를 바쳤다고 한다.

"엘리에젤 내가 졌네. 자네가 이겼네!"

오늘날 그곳을 방문하는 이스라엘 청소년들은 다음과 같이 다짐한다고 한다.

"Never Again, No More Masada!"

마사다의 유적지는 현재 유네스코 세계 문화 유산에 등록되어 있다. 마사다에 관한 이야기는 유대인 역사가 요세푸스 『유대 전쟁사』에 대부분 의존하고 있다.

플레비우스 요세푸스는 원래 제사장이요 갈릴리 지역의 유대인 사령관이었으나 그의 재주와 지식에 감탄한 로마 당국이 그를 회유하여 조국을 배신토록 했다. 플레비우스(Flavius Josephus)란 이름도 그 공로로 로마 황제로부터 하사받은 것이었다.

70년 예루살렘을 멸망시키고 곧이어 황제에 오른 티투스는 즉위 2년 만에 사망하고 그의 동생이었던 악명 높은 도미티아누스에게 위를 넘겨주었다. 한편 유대의 멸망에 결정적인 역할을 했던 티투스에게도 피할 수 없었던 것은 사랑의 망령이었다. 그는 전쟁 중에 알게 된 유대인 여인 베로니케를 끔찍이도 사랑한 것으로 알려져 있다.

베로니케는 로마의 앞잡이었던 유대의 분봉왕인 헤롯 아그립바 2세의 누이로서 대단한 미모를 지닌 것으로 알려져 있다. 그녀는 또한 자기의 동생인 아그립바 2세와도 동거하는 등 도덕적으로 심히 타락한 여인이었다(행 25:13에 나오는 버니게).

한편 베로니케의 동생인 드루실라는 로마의 총독인 벨릭스의 아내가 된 여인으로 자매 모두가 특이한 삶을 살았다(행 24:24). 티투스는 개선 후에 베로니케를 로마로 데리고 왔으나 결혼과 황제 중 택일하라는 원로원의 압박에 못이겨 결국에는 그녀를 포기하고 유대로 돌려 보냈다. 그러나 황제에 오른 티투스는 2년을 넘기지 못하고 죽고 말았다.

신의 저주에서 비껴갈 수 없었던 것일까? 몇 년 후(79년 8월 24일)에는 나폴리 인근에 있는 베스비오 화산의 대폭발로 거대한 폼페이시가 수많은 사람들과 함께 땅 속에 묻히는 거대한 사건이 발생했다.

그 후 로마는 유대의 잔재를 없애기 위해 130년 하드리안 황제 때 유대를 팔레스타인으로, 예루살렘을 로마식 이름인 엘리아 카피톨리나로 변경하고 예루살렘 성전에는 로마의 최고 신인 주피터 상을 세워 놓았다. 또 유대인의 정체성을 상징하는 할례 의식과 안식일을 폐지했다.

이에 대항해 유대인들은 시몬 바르 코크바를 지도자로 삼아 대규모 폭동을 일으켰으나 로마군의 소탕 작전에 58만 명의 유대인이 사망하였고 많은 포로들이 노예 시장에 팔려가고 말았다. 이와 같은 끊임없는 저항에 대하여 로마는 아예 유대인의 예루살렘 진입을 불허했으며 이후 유대인들은 1948년 5월 14일 고토에서 건국을 선포하기까지 세계 속에 방랑자로 떠돌게 되었다.

1세기 유대의 정치적, 사회적 상황

시리아(셀루커스 제국)의 통제하에 있던 유대는 BC 63년 폼페이우스의 예루살렘 침공으로 완전히 로마에 복속되었다. 이에 로마는 유대인도 로마인도 아닌 로마의 하수인 노릇을 하며 권력을 탐하던 이두매(에돔) 출신의 안티 파테르를 총독으로 세워 유대를 통치하기 시작했다. 그러나 그는 정통 유대인들의 미움과 불신을 당한 끝에 결국 독살당하고 말았다.

그 후 그의 아들인 헤롯 1세(헤롯 대왕으로 알려짐)가 뒤를 이어 유대를 다스리게 되었는데 그는 로마 정부와 내통하는 등 교활하고 한편으론 유능한 정치인으로 활동했다.

그러나 그는 아내와 아들들 그리고 처남, 장모까지 살해하는 등 포악한 기질을 가진 자였으며 예수님의 탄생 시에 예수님을 죽이기 위하여 베들레헴에 있는 두 살 이하의 모든 사내 아이를 죽이라는 명령을 내리기도 했다(마 2:16).

BC 4년경 그가 죽자 그의 유언에 따라 세 아들에게 각각 통치 지역이 분할되었다. 그의 죽음과 관련지어 볼 때 그리스도의 탄생은 BC 4년경으로 보는 것이 타당하다. 아켈라우스는 유대와 사마리아 지역, 빌립은 북동쪽인 베다니와 드라고닛, 그리고 세례 요한을 목 베어 죽인 헤롯 안티바는 갈릴리와 베레아 지역을 관할하는 분봉왕으로 세워져 다스리게 되었다. 그 후 아켈라우스는 AD 6년 유대인들의 고발로 로마 당국에 의해 분봉왕에서 축출되고 그 대신 빌라도가 총독으로 파견되었다.

빌라도는 AD 20년에 유대 총독으로 부임한 이후 예루살렘 성전에 있던 많은 귀중품을 탈취하고 무고한 유대인을 살해하였으며 특히 갈릴리 사람들의 피를 제물에 섞는 등 유대인들의 제사 의식을 크게 훼손시키는 일을 자행했다(눅 13:1).

그의 통치 구역이 유대와 사마리아였으므로 빌라도는 자신의 통치 기간 중에 예수님의 십자가 사건을 관할했다. 1세기 유대인 역사가였던 요세푸스에 의하면 당시 팔레스타인의 인구는 약 150-200만 가량이었으며 이중 유대인은 약 50-60만 정도였다고 한다.

그러나 오순절이나 유월절 등 절기 때에는 외국으로부터 들어오는 순례객들(주로 유대인 디아스포라)로 인하여 270만여 명까지 늘어나기도 했다. 이러한 복잡한 상황은 유대인들의 전통적인 종교 생활에도 많은 변화를 가져왔다. 당시 유대 사회에서는 서로 다른 성향을 가진 세 부류의 종파가 있었다.

1. 바리새파: 당시 문명을 주도하던 헬레니즘의 영향을 철저히 배격하고 모세의 율법서(토라)를 문자적으로 해석하여 그대로 실천하는 경건주의 경향을 띤 종파로, 외식과 형식을 지나치게 강조하므로 예수님으로부터 강하게 책망받던 자들이다. 회심하기 전의 바울은 철저하게 훈련된 바리새파에 속한 사람으로 율법에 정통한 엘리트였다. 당시엔 약 6천여 명의 바리새파가 존재한 것으로 알려지고 있다.
2. 사두개파: 다윗 시대의 대제사장이었던 사독 계열의 후손으로 유대 사회의 종교 및 정치의 최고 지도자들로서 부와 권력을 소유한 막강한 세력으로 자신들의 현 상황을 유지하기 위하여 통치 세력과 긴밀한 관계를 유지하고 있었다.
이들은 부활이나 천사의 존재, 사후에 있게 될 상벌에 관한 것 등을 믿지 않았으므로 바리새파와는 항상 갈등과 긴장 관계를 유지하고 있었다.
3. 에세네파(엣센파) : 금욕주의자들로 알려진 이들에 대하여 성경에는 특별한 기록이 없으며 사해 근처의 쿰란 동굴을 중심으로 살아가던 은둔자들의 공동체였다. 이후에 그들이 살던 쿰란 동굴에서는 수많은 귀중하고 가치 있는 성경의 사본(사해 사본)들이 발견되었다. 바리새파들보다도 더욱 엄격하게 율법을 지켰으며 독신으로 지내는 등 세상과 격리되어 살았다. 당시의 에세네파들은 약 4천여 명 정도가 있었던 것으로 전해지고 있다.

1세기 당시 유대인들은 사회적으로 끊임없는 로마의 착취와 종교적인 탄압 등으로 인해 삶이 극도로 피폐해 있었다. 특히 로마 정부와 결탁한 지도층의 횡포로 고통을 당하던 많은 민중들은 자신들을 로마로부터 해방시켜 줄 메시야에 대한 갈망으로 가득 차 있었다.

BC 722년에 북 이스라엘이, BC 586년에는 남 유다가 멸망하고 70년간 바벨론 포로 생활에 이어 페르시아와 헬라 제국을 거쳐 로마의 통치 아래 살아가던 유대인들 안에 성전 중심의 삶에서 서기관과 랍비를 중심으로 하는 회당 제도가 정착되어가는 시대였다. 그만큼 정치적, 종교적으로 매우 혼란한 시기였으며 메시야에 대한 갈망도 클 수밖에 없었다. 북 이스라엘의 멸망 이후 앗수르의 혼혈정책에 따라 사마리아 지역에 많은 이방인들을 이주시킨 결과로 생겨난 혼혈 유대인들은 '사마리아인'이란 계층을 형성하면서 순수 유대인들로부터 많은 차별대우를 받아야만 했다(행 4:9).

게다가 아람어를 주로 사용하던 본토 유대인과 헬라 문화권에서 자라 헬라어를 사용하던 디아스포라 유대인들 사이에는 히브리파 유대인과 헬라파 유대인으로 나뉘어 극심한 문화적 갈등이 있었다(행 6:1).

당시 유대의 최고 의결 기관으로, 대제사장과 70명의 장로로 구성된 산헤드린이란 공회가 있었으며 장로의 대다수는 사두개인과 바리새인으로 채워졌다. 예수를 십자가에 처형하도록 결의한 곳도 바로 산헤드린 회의였다. 그러나 사형 선고나 집행은 로마에서 파견된 총독의 권한에 속했다.

가이사 아구스도의 시대(BC 27_AD 14년)가 끝나고 그의 양자인 티베리우스(가이사 아구스도의 아내인 리비아가 전 남편과의 사이에서 낳은 아들)가 로마의 제 2대 황제로 통치하였으며 유대와 사마리아 지역은 총독 빌라도(AD 26-36)가 다스리고 있었다.

산헤드린을 중심으로 하는 지배계급은 성전과 관련된 부(성전세, 성전에서의 상행위를 통해 얻어지는 이익)를 독점하고 로마 정권과 결탁하여 그들의 지위를 유지했다. 반면 일반 민중은 극심한 착취와 가난으로 고통 중에 살아가고 있었다.

복음서에 나타난 길가의 병자들과 가난한 자들, 먹기 위해 예수님을 따라다니던 수많은 군중, 과부와 고아들에 대한 기록이 이 현실을 잘 반영하고 있다. 이와 같은 상황 가운데 광야에서 거침없이 외치던 세례 요한의 출연은 혹시 그가 메시야일지도 모른다는 기대감을 불러일으켰다. 그러나 그는 말하기를 "내가 그리스도가 아니요 내 뒤에 오시는 분이 성경이 말하는 그분이다"라고 공개적으로 선언했다(요 1:19-28).

수많은 무리들이 따르는 가운데 이적과 기사를 행하며, 당시의 종교 지도자들을 책망하고 현실에 날카로운 비판을 가했던 예수의 등장은 많은 사람들의 주목을 받기에 충분했다. 그가 바로 로마로부터 자신들을 해방시켜 줄 정치적 메시야일지도 모른다고 생각했기 때문이다.

그러나 시간이 갈수록 그의 소극적인 행동이나 율법과 배치되는 듯한 말과 태도에 대해 많은 유대인들이 실망했다. 그들은 자신을 하나님의 아들이라 말하는 등 예수님을 신성을 모독하는 자로 오해하며 박해하기 시작했다.

유대인들이 대답하되 선한 일로 말미암아 우리가 너를 돌로 치려는 것이 아니라 신성 모독으로 인함이니 네가 사람이 되어 자칭 하나님이라 함이로다(요 10:33).

특히 안식일에 병을 고치는 등의 예수의 돌출행위는 1,500여 년 동안 모세의 율법에 따라 정형화된 삶의 방식을 살아온 유대인들에게 커다란 저항감을 불러일으켰다.

예수의 십자가 사건 이후 예루살렘의 다락방에서 시작된 복음의 물결과 전통적인 율법의 가치가 정면으로 충돌할 수밖에 없는 것이 당시의 사회적 상황이었던 것이다. 예수의 죽음과 부활, 그리고 승천 이후에 마가 요한의 다락방에 임하신 성령의 역사로 시작된 복음이 예루살렘과 유대의 경계를 넘어 이방 세계로 확산될 때에 복음의 가장 적대적인 세력으로 등장한 것이 바로 율법주의(혹은 유대주의)자들이었다.

그러나 이 모든 상황 속에서도 하나님은 그분의 역사를 이루어 가셨다. 로마 제국의 오랜 박해와 시련 속에서도 바울과 실라, 바나바와 마가 요한과 같은 헌신적인 전도자들이 세워졌고, 그들의 헌신이 헬레니즘 사상과 로마의 통치 수단과 어울려 결과적으로는 복음의 유럽화에 밑거름으로 작용한 것이다. 우리는 이 모든 과정이 하나님의 섭리였음을 인정할 수밖에 없다.

성인의 반열에까지 오른 빌라도 부인
- 클라우디아 프로쿨라

　로마 제국은 자신들이 정복한 나라들을 속주로 편입하여 어느 정도 자치권을 부여하며 다스리거나 총독을 파견하여 통치했다.

　이러한 통치 방식에 따라 AD 26년에 빌라도는 제5대 유대 총독으로 임명되어 팔레스타인 지역을 관할하도록 위임받았다. 그는 유대와 사마리아 그리고 이두매 지역을 관할하는 총독으로 26-36년까지 10년간을 통치했다. 당시 그는 30세가 안 되는 젊은 나이로 총독부가 있는 가이사랴에서 막강한 권력을 행사했다.

　그는 500-1,000명에 이르는 보병과 500명 정도의 기병을 통솔하는 군사력을 보유했으며 유대의 최고 의결 기관인 공의회도 갖지 못하는 사형에 대한 전권도 갖고 있었다.

따라서 유대인들은 자신들의 법으로는 할 수 없는 예수에 대한 십자가 처형을 빌라도에게 강력하게 탄원한 바 있다.

빌라도가 이르되 너희가 그를 데려다가 너희 법대로 재판하라 유대인들이 이르되 우리에게는 사람을 죽이는 권한이 없나이다 하니(요 18:31).

1세기 유대인 역사가인 요세푸스에 의하면 빌라도는 부임 이후 예루살렘으로 물을 끌어오기 위한 대규모 수로 공사를 위해 성전에 보관되어 있는 기금을 탈취하여 사용하다가 갈릴리인들을 중심으로 대대적인 저항 운동을 촉발시켰다. 이를 진압하는 과정에서 많은 갈릴리인들이 희생당했는데 복음서는 이 일에 대해 다음과 같이 기록하고 있다.

그때 마침 두어 사람이 와서 빌라도가 어떤 갈릴리 사람들의 피를 그들의 제물에 섞은 일로 예수께 아뢰니(눅 13:1).

요세푸스나 알렉산드리아 출신의 디아스포라 유대인 철학자인 필로에 의하면 빌라도는 잔인하고 폭력적이며 한편으로는 비굴하고 교활한 성격을 가진 인물이었다.
예수님의 십자가 사건 당시 예수님이 무죄임을 알면서도 자신의 안전을 위하여 군중의 소리에 양심을 팔고 십자가형을 언도한 것에서도 그런 모습이 잘 드러난다.
한편 재판정에서 예수에 대한 꿈을 꾸었다며 옳은 사람에게 아무 상관도 하지 말 것을 종용한 빌라도의 아내에 관한 출신과 배경에 대해 많은 관심이 쏠린다.

총독이 재판석에 앉았을 때에 그의 아내가 사람을 보내어 이르되 저 옳은 사람에게 아무 상관도 하지 마옵소서 오늘 꿈에 내가 그 사람으로 인하여 애를 많이 태웠나이다 하더라 (마 27:19).

후기 묵시 문학이나 외경인 니고데모 복음서에 의하면 빌라도의 아내의 이름이 클라우디아 프로쿨라(Claudia Procula)라고 알려진다.

클라우디아는 아우구스투스(초대 황제인 옥타비아누스)의 딸인 율리아와 후에 2대 황제가 될 티베리우스 사이에서 난 딸로, 율리아가 방탕한 생활을 하자 아우구스투스는 그녀를 로마에서 추방시키는 벌을 내렸다. 그리고 티베리우스에게는 이혼하도록 허락까지 했다. 티베리우스는 아들이 없던 아우구스투스 황제의 후처였던 리비아와 그녀의 전남편과의 사이에서 낳은 아들이었다. 한마디로 티베리우스와 율리아는 이복 남매간이었다.

클라우디아는 율리아가 추방 생활을 할 때 태어났으며 티베리우스는 황제로 즉위한 후 그녀를 정식 딸로 받아들였다고 한다. 교부 오리겐(185-254년 경 알렉산드리아 출신의 신학자)에 의하면 이후 클라우디아는 경건한 그리스도인이 되었으며 많은 그리스도인들에게 친절을 베푼 것으로 알려져 있다.

동방 정교회와 콥틱 교회(이집트의 북동 아프리카에 기반을 두고 있는 동방 교회)에서는 그녀를 성인으로 추모하며 10월 27일을 그의 축일로 기념하고 있다. 무죄임을 알면서도 군중들의 선동에 어이없는 사형 선고를 내린 빌라도에게 이런 아내가 있었다는 것은 참으로 기이한 일이다. 이후 빌라도는 36년 폭행과 약탈 그리고 비합법적인 사형 집행 등으로 본국에 소환되어 칼리굴라 황제(티베리우스에 이은 3대 황제)의 명령에 따라 자결한 것으로 전해진다.

  하나님의 아들 예수 그리스도가 무죄임을 알면서도 권력에 대한 욕망과 군중들의 소리에 아내의 결정적인 충고조차 무시한 그의 말로는 역사에 영원한 저주와 치욕으로 남게 되었다.

  예수를 사형시키도록 명령한 남편과 성인의 반열에 오른 아내는 이처럼 묘한 대조를 이루었다.

로마 실력자의 정부가 된 유대 왕가의 여인들

BC 63년 폼페이우스의 유대 침공으로 이제 유대는 로마의 속주로 편입되어 로마 제국의 통치 아래 들어가게 되었다. 로마는 이두매(에돔) 사람인 안티 파테르를 세워 유대를 관할하게 했다.

안티 파테르는 폼페이우스가 예루살렘을 공격할 당시 그를 도왔으며 그 후 폼페이우스를 제거하고 권력을 장악한 율리어스 카이사르에게 충성을 바쳐 BC 47년에는 그의 도움으로 유대 총독에 임명되었다. 그는 또한 로마 시민권을 받는 등 로마 당국과의 밀접한 접촉을 통해 능란한 처세술을 발휘했다. 그러나 BC 43년에 그가 암살되자 그의 아들인 헤롯이 로마의 원로원으로부터 유대 왕국의 왕으로 임명을 받게 되었다.

헤롯 대왕으로 알려진 그는 예수님 탄생 시에 그를 죽이기 위해 두 살아래의 사내 아이를 모두 죽이라는 명령을 내린 포악한 자였다(마 2:16). 이렇게 시작된 헤롯 왕가는 그의 증손자인 아그립바 2세를 마지막으로 약 백여 년간 유대를 다스리게 된다.

헤롯 왕가에는 시작부터 로마 정권과 결탁하여 부정하고 불의한 방법으로 자신들의 입신을 위해 살아간 자들이 많았다. 특히 헤롯 왕가의 여인들 중 헤로디아, 드루실라, 버니게(베로니케) 등은 인륜과 국가관을 팽개친 채 자신의 욕망과 입신만을 위해 무절제한 삶을 살아간 대표적 인물이었다. 이중 헤롯 대왕의 손녀인 헤로디아는 첫 남편이 죽자 삼촌인 빌립과 결혼했다.

그러나 남편의 이복 형인 또 다른 삼촌 헤롯 안디바의 유혹으로 남편인 빌립과 이혼하고 다시 그와 결혼하는 등 문란한 삶을 살았다. 그녀는 자신의 문란함을 거침없이 책망하던 세례 요한을 남편인 헤롯 안디바를 통해 죽이는 만행을 저지르기도 했다(마 14:1-12, 막 6:16-29, 눅 9:7-9).

인륜을 어겨가며 근친과의 결혼을 아무런 가책 없이 행하던 헤로디아에게는 오빠인 아그립바 1세가 있었다. 그는 통치(37-44) 기간 중에 열두 사도 중 하나인 요한의 형제 야고보를 죽였으며 베드로를 잡아 감옥에 가두는 등 초기 복음의 확산을 저지하기 위해 기독교를 탄압했던 자다(행 12:1-4). 그의 뒤를 이어 왕위에 오른 자가 바로 헤롯 왕가의 마지막 왕이었던 아그립바 2세였다. 그에게는 누이 버니게와 드루실라라는 여동생이 있었다.

드루실라는 오빠인 아그립바 2세의 정치적인 거래로 수리아 지역의 소국인 에메사의 아지주스 왕과 결혼했다. 그러나 결혼한 지 얼마 안 되어 이 소왕국을 방문한 유대의 총독 벨릭스가 그녀의 미모에 매혹되어 남편과 이혼시킨 후 자기의 아내로 삼았다.

당시 제국을 호령했던 로마의 일개 총독이 소국의 왕권을 능멸한 사건이었다. 드루실라는 이처럼 권력과 탐욕의 노예가 되어 유대의 적국인 로마의 실력자와 아무런 가책 없이 행동했다.

한편 3차 선교 여행을 마치고 돌아온 사도 바울이 유대인의 폭동으로 투옥되었을 때 벨릭스는 유대인 아내인 드루실라를 대동한 채 바울의 재판에 관여하며 복음을 접촉하는 유일한 기회를 갖기도 했다.

> 수일 후에 벨릭스가 그 아내 유대 여자 드루실라와 함께 와서 바울을 불러 그리스도 예수 믿는 도를 듣거늘 바울이 의와 절제와 장차 오는 심판을 강조하니 벨릭스가 두려워하여 대답하되 지금은 가라 내가 틈이 있으면 너를 부르리라(행 24:24-25).

이들은 구원에 이르는 바울의 설교를 다시 들을 수 있는 절호의 기회를 놓치고 말았다.

유대 왕가의 명예와 체통을 팽개친 또 하나의 여인은 드루실라의 언니 버니게였다. 버니게는 첫 남편이 죽은 후에 삼촌인 칼키스와 재혼했으나 그마저 죽자 동생인 아그립바 2세의 왕궁에서 같이 살게 되었다. 젊은 나이에 그녀는 동생과 함께 살면서 왕비 노릇을 하는 등 동생과의 불륜을 거리낌 없이 저질렀다. 이런 그녀의 동물적 본능은 많은 유대인들의 지탄을 받았다.

이들은 벨릭스 총독의 후임으로 부임한 베스도 총독을 접견차 가이사랴의 총독 관저를 방문 중에 벨릭스에게서 인계받은 사도 바울을 만나 그의 변론을 듣게 되었다.

그러나 아그립바 2세와 버니게 역시 바울의 설교에 귀를 기울이지 않고 구원의 기회를 놓치고 말았다. 이 내용을 성경은 다음과 같이 기록하고 있다.

이튿날 아그립바와 버니게가 크게 위엄을 갖추고 와서 천부장들과 시중의 높은 사람들과 함께 접견 장소에 들어오고 베스도의 명으로 바울을 데려오니…(행 25:23-26:32).

버니게는 이후 70년에 예루살렘을 멸망시키고 귀환하여 후에 황제의 위치에 오르게 될 디도 장군(Titus)을 유혹하여 그의 정부가 되었다.

그녀는 자신의 명예와 부귀, 권세에 대한 끝없는 욕망에 사로잡힌 채 수많은 유대인을 살해하고 유대를 멸망시킨 적국의 장수에게 거리낌 없이 자신을 내어주었다. 일개 평민도 아닌 유대 왕가의 여인으로서는 상상할 수도 없는 일탈 행위였다. 전승의 기쁨을 안고 버니게를 대동한 채 로마로 귀환한 디도에게 황제와 버니게 중 하나를 택하라는 원로원의 요구가 이어지자 디도가 버니게를 포기하고 황제의 자리에 오르면서 그녀는 참담하게 유대로 돌아올 수밖에 없었다. 그녀의 꿈과 야망이 한꺼번에 물거품이 되고 만 것이다.

한편 동생 드루실라는 폼페이 화산 폭발(79년 8월) 당시 인근에 있는 별장에서, 벨릭스와의 사이에서 난 아들과 함께 화산재에 묻혀 고통 속에 죽어갔다. 적국인 로마에 기대어 개인의 욕망과 쾌락을 추구하며 살다 간 유대 왕가의 여인들은 이처럼 비참하게 생을 마감했다.

예수님에게도 아내가 있었다?

예수님과 함께 3년간을 따라다니며 복음을 전파했던 제자들은 그들의 사역 중에도 아내들과 함께 동행했음을 성경은 말하고 있다.

우리(사도 바울과 그의 일행)가 다른 사도들과 주의 형제들과 게바(베드로)와 같이 믿음의 자매 된 아내를 데리고 다닐 권리가 없겠느냐(고전 9:5).

완전한 인간의 모습으로 이 땅에 오신 예수님이 보통 사람과 같이 결혼하고 살면서 사역했다고 해서 하등 이상할 것은 없을 듯하다. 왜냐하면 예수님은 세상에서 결혼 이외에는 인간의 모습을 그대로 간직하고 경험하며 살았음을 성경이 말하고 있기 때문이다.

예수님의 결혼 여부에 관한 문제는 오랫동안 사람들의 관심을 자극하기에 충분했다.

만일 그가 결혼했다면 예수님의 아내는 누구였으며 보통 인간과 같이 자녀들도 낳았는지 또한 그의 가족들은 어떠한 삶을 살았는지 이 모두가 참으로 궁금하고 알고 싶은 내용들이다. 과연 예수님이 결혼했다면 그 상대는 누구였을까?

그녀는 아마도 예수님의 3년간 사역 중에 그림자같이 따르고 섬겼던 여인 중의 한 사람이었을 것이다. 복음서에 나타난 여인들 중 가장 많이 거론되는 마리아란 이름을 가진 세 여성은 모친 마리아와 막달라 마리아, 그리고 죽었다 살아난 나사로의 여동생인 마리아이다.

이들 중 막달라 마리아는 일곱 귀신에 걸렸다가 예수님께 고침을 받은 여인으로 갈릴리 호수 서편에 있는 작은 마을 출신이었다. 갈릴리 지역은 외부로부터 공격 시 가장 먼저 침공을 당하는 지역으로, AD 70년 예루살렘 멸망 때에도 수많은 유대인들이 살해당하고 포로로 잡혀 끌려가거나 노예로 팔려갔으며 많은 유대인 처녀들은 무참히 성적인 학대와 폭행을 당했다. 이곳 출신인 막달라 마리아 역시 과거의 침입자들로부터 강간을 당한 후 성노예로 전락하여 살아가던 비참한 여인이었다고 전해진다.

그러나 그 후 일곱 귀신에 들려 고생하던 중 예수님께로부터 고침을 받고 몇몇 여인들과 함께 자신의 소유로 예수님과 제자들을 섬기며 그들의 사역에 적극적으로 동참했다(눅 8:1–3).

막달라 마리아는 예수님이 십자가에 못박히시는 현장에도 있었고 위험을 무릅쓰고 무덤에 달려가 부활하신 예수님을 가장 먼저 만난 사람이기도 하다. 이 사실을 제자들에게 제일 먼저 알린 사람도 바로 그녀였다. 예수님의 사역에 마치 그림자처럼 따라다니며 함께 도왔던 13번째의 제자에 속할 만큼 그녀는 예수님을 위해 헌신적인 삶을 살았다.

그래서 예수님이 결혼했을 것이라고 주장하는 사람들은 대부분 막달라 마리아가 그의 아내일 것이라는 데 동의한다. 그러나 그녀의 삶을 두고 극명하게 대치되는 또 하나의 견해가 있다.

막달라 마리아를 소재로 한 뮤지컬 '마리아 마리아'란 작품에는 다음과 같은 내용이 담겨 있다.

죽은 자를 살리고 병자를 고치시며 당시의 실권자들을 여지없이 책망하여 민중의 인기가 한없이 높아지던 예수는 당시의 종교 지도자들에게 커다란 위협이 되었다.

따라서 제사장들과 바리새인 등 지도자들은 그를 제거하기 위하여 당시 고급 창녀였던 막달라 마리아를 사주하여 그를 유혹한 후 그와 하룻밤을 자게 하면 성적인 노예에서 벗어나 세계의 중심지였던 로마로 보내주겠다고 제안했다.

이에 마리아는 수차례 예수를 유혹하였으나 끝내는 실패했고, 이로 인해 마리아는 종교 지도자들로부터 죽음의 위협을 당하게 되었다. 그러나 이런 위기에서 예수는 그녀를 구해 주었고 마리아는 이후 예수를 위해 철저하게 헌신하며 살아간다는 이야기이다.

이와 같이 막달라 마리아는 명암을 달리하는 두 인물 사이에서 많은 사람들로부터 다르게 조명받고 있다.

제작비 1억 5천만 달러, 전 세계에서 7억 불을 벌어들이며 흥행에 성공했던 돈 브라운(Don Brown)의 『다빈치 코드』라는 작품에는 예수가 막달라 마리아와 결혼했고 그와 아이까지 낳았다는 내용이 담겨 있다. 그러나 성경이나 구전 어디에도 그런 기록이나 흔적은 보이지 않는다. 외경인 빌립보 복음서에 "구세주의 짝은 막달라 마리아였다"란 내용이 기록되어 있지만 짝이란 말의 고대 헬라어 '코이노스'는 '아내'란 말과 함께 '동역자'란 의미도 있다. 아내란 말로 한정 지을 수 없다는 것이다.

최근 하버드 대학교 신학 교수인 Karen L. King 교수가 로마에서 열린 국제 콥트 학회에서 AD 4세기경에 쓰여진 것으로 알려진 사본 파피루스 조각을 공개했다. 그 사본에 의하면 다음과 같은 내용이 나온다.

"예수께서 그들에게 말씀하였습니다. 내 아내는…"

이를 근거로 예수는 결혼했고 아내가 있었다는 주장을 했다. 그러나 많은 학자들에 의하면 고대 콥틱어는 이미 사라진 언어로 그 뜻과 문맥이 불분명하다는 것이다. 또한 AD 4세기경에는 영지주의나 위경(가경), 구전 등의 출처가 불분명한 문서가 아무런 근거 없이 떠돌아다녔던 때이기도 했다. 이는 마치 오늘날 "그녀는 내 사람이었다"라고 할 때 '나의 아내', '내 편에 속한 사람', '나와 함께 같은 길을 가는 정치적 사상적 동지'라는 포괄적 의미가 포함되어 있는 것과도 같다. 후에 많은 학자들에 의해 그 사본이 조작되었을 가능성이 제기되었다.

만일 예수님에게 아내가 있었다면 어떤 모습으로도 복음서에 등장해야 하는 것이 정상적이다. 자기의 아내가 공중 앞에 드러나는 것이 불편했다면 그런 결혼을 예수님이 했을 리도 만무한 것이다. 예수의 제자들도 자기의 아내와 함께 동역하였음을 볼 때 아내가 있는 예수께서 구태어 감추며 사역하셨을 리가 없는 것이다.

  성경 어디에도 없는 내용을 상상해서 멋대로 시나리오를 만드는 것은 성경의 절대성을 거부하고 훼손하는 망령된 행위일 뿐이다.

박해자에서 기독교의 후원자가 된 로마 제국

　로마 제국과 기독교의 만남은 실로 운명적이었다. 예수가 탄생한 시기는 바로 공화정을 끝내고 BC 27년 옥타비아누스(눅 2:1에 나오는 가이사 아구스도)가 로마 제국의 첫 황제로 통치하던 시대였다. 그리고 예수의 십자가 사건은 2대 황제인 티베리우스(14-37) 때의 일이므로 기독교와 로마 제국은 동시대에 시작되었다고 볼 수 있다. 476년 로마 제국(서로마 제국)이 멸망하기 전에 이미 기독교 공인(313)과 데오도시우스 황제의 기독교 국교화 선포(392)가 이루어졌다. 이처럼 기독교와 로마 제국은 상호 밀접한 관계를 유지하며 발전해 왔다.

　로마는 BC 753년에 전설적인 인물로 알려진 로물루스에 의해 건국되었다고 전해진다. 산에 버려진 로물루스와 레무스 형제가 늑대에 의해 양육되었으며 야성으로 길들여진 그들이 서로 본능적인 투쟁 끝에 로물루스가 동생인 레무스를 죽이고 나라를 세웠다는 것이다. 물론 이 사실은 믿든지 말든지 독자의 판단에 속하는 일이다.

이탈리아의 중부에 위치한 테베르강 유역에서 시작된 로마는 농업 국가로 출발하면서 토지 확보가 생존을 위한 유일한 수단이었다. 따라서 영농지를 위하여 이탈리아반도를 장악한 후 장차 지중해 세계로 진출하는 일은 필연적인 수순이었다. 그러나 이제 갓 출발한 로마로써는 안과 밖으로 넘어야 할 산이 너무 많았다. 특히 북쪽에는 끊임없는 침략 행위를 일삼는 갈리아(지금의 프랑스)가 있었고 반도 내에는 이미 상당한 세력을 가지고 있는 도시 국가들이 버티고 있었기 때문이다. 이를 극복하지 않는다면 로마는 생존불능 상태에 빠지고 말 것이었다. 특히 갈리아의 침공은 반드시 정리해야 할 로마의 과제였다.

그들로부터 당한 피해가 막대해 이에 대한 복수는 로마인들의 마음속에 뿌리 깊이 박혀 있었다. 이것이 반도를 통일한 이후 카이사르(줄리어스 시저)에 의해 혹독한 보복의 결과로 나타나게 되었다.

천신만고 끝에 이탈리아반도를 힘겹게 통일한 로마는 이제 눈을 지중해 세계로 돌리게 되었다. 당시 지중해의 관할권은 양분되어 있었다. 동부 지역은 오리엔트 문명이 시작되어 서쪽으로 이동 중에 있었으며 마케도니아, 시리아 이집트는 헬레니즘 문명이 최고로 발달한 곳으로 로마로써는 감히 엄두도 낼 수 없는 지역이었다.

따라서 로마는 서부 지중해를 공략할 수밖에 없었다. 그러나 그곳에도 이미 BC 9세기경에 페니키아(팔레스타인의 지중해 연안 국가들)의 식민 도시로 출발한 카르타고(현재의 북아프리카의 튀니지아)가 버티고 있었다. 당시 카르타고의 세력은 에스파냐, 코르시카, 사르데냐, 그리고 북아프리카까지 진출한 상태여서 로마에게는 상대하기 벅찬 경쟁자였다.

카르타고는 당시 에스파냐의 보병과 누미디아(지금의 알제리에 위치했던 왕국) 기병 등 용병으로 무장한 막강 군사력을 보유한 나라였으므로 그들과의 격돌은 피할 수 없는 한판의 대결이었다.

로마가 지중해 해상권을 놓고 카르타고와 숙명의 대결을 벌인 세 차례의 전투가 바로 100여 년 이상을 끌어온 포에니 전쟁(BC 264-146)이었다. 카르타고의 명장 한니발과의 일진일퇴 끝에 전쟁에서 승리해 마침내 지중해 서부를 장악한 로마는 수순에 따라 BC 146년에는 마케도니아를, BC 64년에는 시리아를, 그리고 BC 30년에는 이집트를 정복하여 속주로 합병하면서 헬레니즘 세계를 완전히 장악하게 되었다.

지중해 세계 전체를 손에 넣은 로마는 카이사르의 갈리아와 브리타니아 정복으로, 북쪽으로부터의 잠재적인 침공 세력까지 어느 정도 정리했다.

당시 두각을 나타내기 시작한 카이사르는 크랏수스, 폼페이우스 등과 함께 삼두정치를 시작하였으나 불안정한 정국 속에서 파워 게임을 벌리던 일단의 세력에 의해 BC 44년 3월 15일에 암살되고 만다. 카이사르의 암살자는 다름 아닌 그가 가장 신임하던 브루투스였다. 그의 죽음으로 정치 상황은 의외의 방향으로 진행되었다.

카이사르의 부하였던 안토니우스가 실권자로 부상하였으나 이때 예상치 못한 인물이 나타나게 되었으니 그가 바로 카이사르의 양자였던 당시 19세의 어린 옥타비아누스였다. 옥타비아누스는 카이사르 누이의 외손자로 평소에 그를 자신의 양자로 만들어 놓았던 것이다. 점차 정상으로 치닫던 안토니우스에게 어린 옥타비아누스는 카이사르의 후계자로서 무시할 수 없는 존재였다.

당시 안토니우스는 제국의 서쪽을 옥타비아누스에게, 그리고 이집트를 포함하는 동쪽은 자신이 관할권을 맡는 것으로 정리했다. 그 후 그는 자신의 상관이었던 카이사르의 애인 클레오파트라와 사랑에 빠지게 되었다. 클레오파트라는 프톨레마이어스 왕조인 이집트의 마지막 여왕으로 안토니우스의 권력을 힘입어 정권을 유지하기 위해 안간힘을 쏟고 있던 중이었다.

그녀는 17살 때 그의 동생이었던 9살의 프톨레마이어스 13세와 결혼하였으나 후에 단독 왕으로 통치를 이어갔다. 그녀는 카이사르와의 사이에서 아들까지 낳았으나 그가 암살된 후에는 다시 안토니우스의 품에 안겨 2남 1녀를 낳았다.

한편 옥타비아누스는 안토니우스를 제거하기 위한 암중모색을 은밀히 진행하고 있었다.

그리고 마침내 BC 31년 악티움 해전에서 클레오파트라와 안토니우스의 연합군이 옥타비아누스에게 패하면서 39세의 클레오파트라와 안토니우스는 자살로 생을 마감하고 만다. 헬라 제국의 마지막 후예로 남아있던 이집트는 결국 로마에 병합되고 말았다.

옥타비아누스는 BC 27년에 공화정을 마감하고 제정으로 시작되는 로마 제국 최초의 황제가 되어 AD 14년까지 제국을 반석 위에 세우며 통치했던 전략가요 지략가였다.

　로마는 포에니 전쟁을 통해서 지중해의 해상권을 장악한 이후 전 헬레니즘 세계를 정복하고 역사상 전무후무한 막강한 제국을 건설하며 476년 패망하기까지 세계를 지배했다.

　로마는 제국 간의 도로망이 87,000km나 되어 전 제국을 손쉽게 관할할 수 있었으며 법, 제도 등을 통일하여 일사분란하게 통치했다.

　이런 시기에 탄생한 기독교는 제국의 통치 이념에 저항하는 세력으로 인정되어 심한 박해와 차별을 받았다. 그러나 초대강국 로마 제국도 초대교회의 복음에 대한 열정과 선교의 의지를 꺾지 못했다.

　특히 기독교를 가장 혐오하며 앞장서서 탄압했던 바울의 극적인 회심과 선교에 대한 열정은 복음이 유대의 경계를 넘어 소아시아, 그리스, 로마에까지 들불처럼 이어지는 놀라운 결과를 낳았다.

　로마가 일사분란한 통치를 위해 이미 제국의 소통과 법 그리고 제도를 단일화했기 때문에 바울을 비롯한 복음 전파자들에게는 더없이 좋은 환경이 조성된 것이다.

　제국 간 잘 정비된 도로가 있었고 문화적인 장벽이나 언어의 소통에도 전혀 문제가 없었기에 헬라 문화권에서 태어나 성장하여 헬라어에 능통했던 바울로서는 선교적 차원에서 정말 이상적인 환경이었다.

　당시에 통용되던 헬라어는 제국 어디에서도 불편 없이 사용되고 있었다.

　그들이 당한 고난과 박해, 위험과 시련 역시 어쩌면 선교적 체질을 강화시키며 전투적인 복음의 진취성을 향상시키는 계기가 되었는지도 모른다.

특히 로마를 위시하여 소아시아, 유럽, 메소포타미아 지역 그리고 아프리카에는 이미 수백 년 전부터 유대인 디아스포라가 산재되어 있었으므로 선교의 거점으로 유익한 토양이 형성되어 있었다고 볼 수 있다. 따라서 바울은 특히 소아시아나 그리스의 마케도니아(그리스의 북부 지역: 빌립보, 데살로니가, 베뢰아), 그리고 아가야(그리스 남부 지역: 아덴, 고린도, 겐그리아) 지방에서는 그곳의 유대인 공동체를 통하여 그들과 쉽게 접촉할 수가 있었다.

고난과 박해의 세월이 지나고 드디어 313년에는 콘스탄티누스 황제에 의해 기독교 공인이 이루어졌다. 이제 로마 제국 어디에서나 아무런 제재와 박해 없이 복음을 전파하게 되었으며 빼앗겼던 교회의 재산은 되돌려 받게 되었고 공공장소에서 마음대로 설교할 수 있었으며 일요일을 예배드리는 날로 지정하게 되었다. 그러나 전해지는 바로는 정작 황제 자신은 정치적인 문제로 임종 직전에 기독교로 개종했다고 한다.

이후 백 년이 안 되어 테오도시우스 황제가 기독교를 로마의 국교로 선포하는 획기적인 사건이 일어났으며 신약성경 27권이 정경으로 확정되는 벅찬 시대가 도래했다.

476년 로마의 멸망과 함께 북으로부터 게르만족이 침입해 왔으나 이 또한 로마 문명과 어우러지면서 게르만-로마 문명은 이후 유럽 문명의 근간을 이루었고 후에 전 유럽을 복음화하는 데 결정적인 역할을 하게 된다.

종합해 보면 기독교는 로마 제국을 통해 시련과 전투력을 향상시킨 후 전 세계로 퍼져나갔다. 그 과정에서 제국과의 긴장과 갈등을 복음 확장의 도구로 이용하게 되었으니 이 속에서 모든 상황을 선하게 이루어 가시는 하나님의 손길을 엿볼 수 있다.

장구한 세월에 걸쳐 제국을 이룬 로마의 발전 과정이 복음의 세계화로 이어진 것은 참으로 기이한 일이다.

포에니 전쟁의 승리에 이은 지중해 세계의 장악으로 로마는 거대한 제국으로 나아가는 발판을 마련했으며 이는 또한 복음이 서구 문명의 기조를 형성하는 데 지대한 역할을 했다.

복음의 실크로드

교환의 욕구가 화폐의 출현을 가져왔듯 물질에 대한 인간의 욕구는 육지와 바다를 이어주는 교역로를 탄생시켰다. 이렇게 해서 생긴 교역로는 인간의 생필품이나 기호품, 금이나 은과 같은 보화 그리고 각 지역의 특산품 등을 전 세계로 확산시키는 데 결정적인 역할을 했다. 이미 1세기경에는 이와 같은 경로를 통해 사람과 상품, 사상과 종교까지 폭넓게 교류되었다. 그 대표적인 교역로가 바로 아프리카의 사하라 사막을 종단하는 대상로와 인도양의 바닷길 그리고 중앙아시아를 횡단하는 실크로드였다.

사하라를 종단하는 대상로를 통해 낙타 등에 실린 황금과 향료 등은 더 넓은 지역으로 수송되었으며, 이보다 훨씬 이전에 개발되어 동서를 잇는 세계 무역에서 육로 네트워크와 경쟁하게 된 인도양의 바닷길은 아프리카와 서남아시아를 중국과 연결해 주는 중요한 해로의 기능을 담당했다. 이들의 주요 상품은 종교의식과 약품에 사용되는 유향, 상아, 후추, 비단, 차, 도자기 등이었다.

구약성경에 등장하는 솔로몬 시대의 풍부한 금이나 향료 같은 물품이 교역의 대상품으로 오고 간 것, 형들에 의해 이집트로 가던 미디안 대상들에게 팔린 요셉의 이야기 등은 이를 뒷받침하고 있다.

13세기 초 몽골이 유럽을 정복하기 이전까지, 아시아와 유럽을 이어주는 가장 중요한 통로는 BC 2세기에서 AD 2세기경에 걸쳐 만들어진 중앙아시아를 관통하는 실크로드였다. 이 길은 아시아의 동쪽에 있는 중국의 한나라와 서쪽에 있던 페르시아, 파르티아 제국을 로마 제국과 연결시켜 주는 기능을 했다.

이 비단길은 중국의 중원에서 시작하여 둔황을 거쳐 타클라마칸사막과 파미르 고원을 지나 중앙아시아의 초원과 이란을 통과하여 지중해 연안인 동로마 제국의 콘스탄티노플까지 이르는 장장 6,400km에 이르는 교통로이다. 오늘날 북미를 횡단하는 거리와 맞먹는 엄청난 교역로였다.

이렇게 연결된 통로는 아시아와 유럽, 북아프리카 사이에 상품과 기술, 사람과 사상, 문화와 종교까지 활발하게 교류되어 지구를 하나의 네트워크로 묶어주는 역할을 했다.

이외에 또 하나의 특이한 통로가 있었으니 그 길은 바로 1세기에 시작된 기독교가 전 유럽으로 확산하는 데 결정적인 통로를 제공한 일명 복음길이었다.

　공화정을 끝내고 제정으로 들어선 로마는 정복의 고삐를 늦추지 않고 영토 확장에 온 힘을 쏟았다. 특히 로마 제국을 유지하는 데 속주로부터 들어오는 세금이 필수적이었으므로 로마는 정복과 통치를 위해 기반 시설 특히 도로를 건설하는 일에 총력을 기울였다. 이렇게 해서 만들어진 제국 간의 도로가 당시 87,000km에 달했다고 하니 가히 상상을 초월하는 수준이다. 이 도로의 흔적은 지금도 남아 있어 이탈리아에서는 아피아 도로로 불려지고 있다.

　정복한 나라들을 정치적, 군사적으로 통제하기 위한 수단으로 건설한 이 군사 도로는 제국 간의 이동을 원활하게 만들어 주었으며, 각종 휴식처와 더불어 어느 정도의 안전도 보장되어 있는 특급 도로였다.

　이 군사 도로가 그토록 로마가 탄압했던 바울을 중심으로 한 전파자들에 의하여 유럽의 각 도시로 복음을 전파하는 데 더없이 안전하고 중요한 통로가 되었다고 하는 것은 참으로 신기한 일이다.

　바울은 회심 후 시리아의 안디옥을 거점으로 세 차례에 걸친 선교여행을 통하여 소아시아, 그리스, 로마 그리고 아마도 스페인까지 선교 영역을 확대해 가면서 로마가 건설한 군사 도로와 바닷길을 이용해 복음을 전파했다.

　만일 이런 시설들이 없었다면 당시의 상황으로써는 결코 그 넓은 지역을 자유롭게 왕래하며 선교하기란 불가능했을 것이다. 오늘날과 같은 교통수단이나 도로망이 없던 1세기에 도시 간, 국가 간 이동은 많은 시간과 경비가 소요되며 또한 많은 위험 요소가 뒤따르는 여행이었기 때문이다.

바울의 주요 선교 지역인 소아시아의 흩어진 도시들과 그리스의 아테네, 고린도, 빌립보, 데살로니가 등은 로마 제국의 직할 도시로 바울의 선교 활동에 중요한 거점이었으며 이곳들이 로마가 건설한 복음의 교역로 상에 있었다는 것은 놀라운 하나님의 섭리다.

중세 시대 지리상의 발견으로 대서양 항해 시대가 열리면서 복음이 땅끝을 향하여 국가 간 경계를 넘어갔듯이, 로마 제국의 군사 도로를 통하여 복음은 유럽인들의 마음속으로 깊이 파고들게 되었다.

물물 교류에 동서양을 이어주는 실크로드가 있었다면 로마 제국이 건설한 군사 도로는 복음을 실어 나르기 위하여 하나님이 만들어 놓으신 또 하나의 복음적 실크로드였다.

이방인을 위해 준비된 일꾼, 사도 바울

    1세기 초 예루살렘의 작은 다락방에서 시작된 복음을 역사의 현장으로 이끌어내 로마 제국에 복음의 왕국을 실현한 사도 바울은 AD 10년경 지금의 터키 남쪽에 위치한 헬라어 문화권인 길리기아 다소의 엄격한 유대인 가정에서 태어났다.

    그는 나면서부터 로마 시민권을 가지고 있을 만큼 부유하고 상당한 지식을 소유한 엘리트였으며, 헬라어와 히브리어는 물론 당시 유대인들이 사용하던 아람어도 능수능란하게 사용하는 특권층이었다. 그가 유대인임을 자랑으로 여겼던 점(빌 3:5)에서도 보듯, 그는 어렸을 때 이미 할례를 받은 하나님의 백성으로 자부하며 모세오경인 토라와 구약에 정통했던 것으로 알려진다.

당시 율법의 최고 학파로써 힐렐과 샴마이 학파가 있었는데 바울은 힐렐 학파인 가말리엘(힐렐의 손자) 문하에서 훈련을 받은 최고의 율법학자이자 바리새인이었다. 가말리엘의 부친은 누가복음 2:25-35에 나오는 시므온으로 알려지고 있으나 확실치는 않다.

바울은 당시 복음에 대한 최대의 적대자로 알려져 있었으며 스데반의 순교 때에는 주도적인 역할을 할 만큼 교회를 박해하는 데 앞장섰다. 그는 심지어 믿는 자들을 잡아 처벌하기 위하여 시리아의 다메섹까지 대제사장의 공문을 받아들고 갈 정도로 믿는 자들을 핍박하는 데 앞장선 사람이었다.

그러나 다메섹으로 가는 도중 그는 자기가 그렇게 박해하던 예수를 만나게 되었고 부활하신 예수님의 음성을 직접 듣게 되었다.

이 극적인 상황은 앞으로 그의 사역에 거침돌로 작용한 사도성을 변호하는 데 결정적인 근거가 되었다. 더불어 이 사건은 바울이 그리스도에 대하여 가장 적대적인 위치에서 기독교 역사상 가장 위대한 그리스도의 사도로 변신하는 결정적 계기가 되었다. 이때가 아마도 AD 34년경으로 추측된다.

바울이 회심한 이후 바로 복음 전도자가 될 수 있었던 것은 그는 이미 율법을 통해 하나님과 성경에 대한 해박한 지식을 가지고 있었기 때문이다. 단지 그는 그동안 알지 못했던 구약의 율법과 복음의 연속성을 뒤늦게 깨달은 것이었다.

그는 회심 후 3년간을 아라비아(광야에 속한 어느 지점)에서 지내며 장차 복음 전도자로서의 준비 기간을 가졌다. 다메섹 도상에서의 그리스도의 계시 사건을 통해 복음을 체험한 그는 시리아의 안디옥 교회를 거점으로 바나바와 함께 열정적인 선교 사역을 감당했다.

3번에 걸친 선교 여행을 통하여 당시 로마의 속주였던 소아시아(터키 지방)의 에베소, 골로새, 갈라디아 등의 지역과 그리스의 아덴, 고린도, 겐그리아 그리고 북부 지역인 빌립보, 데살로니가, 베뢰아 등지를 다니며 각 지역에 산재해 있던 유대인 공동체를 중심으로 선교 활동에 심혈을 기울였다. 이 과정에서 그를 가장 힘들게 했던 세력은 다름 아닌 동족인 유대인 율법주의자들이었다.

BC 586년 유대의 멸망과 바벨론의 포로 사건 이후 각 지역으로 흩어져 살아가던 디아스포라 유대인들은 복음에 대한 이해가 전혀 없었다. 이러한 유대인 공동체가 이후 복음과의 접촉점을 제공하는 유익한 통로로써 복음 확장의 결정적인 역할을 하게 된 것은 하나님의 섭리였다.

바울은 예수님의 생애와 죽음, 부활을 통해 하나님의 구속사의 전모와 신비를 알게 된 후, 세상에서 자랑으로 여겼던 모든 것을 배설물같이 여겨 버렸으며 예수를 위해 당하는 고난과 시련을 오히려 축복으로 생각하며 일생을 헌신했다.

> 무엇이든지 내게 유익하던 것을 내가 그리스도를 위하여 다 해로 여길 뿐더러 또 모든 것을 해로 여김은 내 주 그리스도 예수를 아는 지식이 가장 고상하기 때문이라 내가 그를 위하여 모든 것을 잃어버리고 배설물로 여김은…(빌 3:7-8).

바울은 3차례의 선교여행을 통하여 소아시아와 유럽의 문턱인 그리스를 복음화하는 데 전력질주했다. 그러나 제국의 중심인 로마에 대한 선교는 그의 가장 간절한 소망이며 목표였음에도 불구하고 쉽게 이루어지지 않았다.

로마에 대한 그의 뜨거운 염원이 정상적인 형태가 아니라 죄수의 몸으로 압송되며 이루어진 것은 참으로 특이한 일이다.

3차 전도여행에서 돌아온 그는 예루살렘에서 유대인들의 선동으로 가이사랴에 2년간 감금되었다. 바울은 이후 총독 베스도와 아그립바 왕 앞에서 자신을 변호하며 가이사 황제에게 직접 상소함으로써 죄수의 신분으로 군인들의 호위 속에 로마로 가게 된다. 어찌 보면 자신의 비용을 들여 위험을 무릅쓰고 그 먼 길을 여행하는 것보다, 죄수 신분으로 군사적 보호 속에 가게 된 것이 더 안전해 보이기도 한다.

지난날 바울이 유대인들로부터 당한 고난과 핍박은 실로 처절하고 고달픈 삶의 연속이었다. 그는 자신이 겪은 박해와 죽음과 같은 고난을 고린도후서에서 다음과 같이 술회하고 있다.

그들이 그리스도인의 일꾼이냐 정신없는 말을 하거니와 나는 더욱 그러하도다 내가 수고를 넘치도록 하고 옥에 갇히기도 더 많이 하고 매도 수없이 맞고 여러 번 죽을 뻔하였으니 유대인들에게 사십에서 하나 감한 매를 다섯 번 맞았으며 세 번 태장으로 맞고 한 번 돌로 맞고 세 번 파선하고 일 주야를 깊은 바다에서 지냈으며 여러 번 여행하면서 강의 위험과 강도의 위험과 동족의 위험과 이방인의 위험과 시내의 위험과 광야의 위험과 바다의 위험과 거짓 형제 중의 위험을 당하고 또 수고하며 애쓰고 여러 번 자지 못하고 주리며 목마르고 여러 번 굶고 춥고 헐벗었노라 (고후 11:23-27).

생애 마지막일지도 모르는 로마 제국을 향해 가는 그의 마음속에는 지난날 겪었던 수많은 고난의 회한이 밀려왔을 것이다. 그러나 풍랑과 파선 등 천신만고 끝에 군인들의 호위 속에 로마에 도착한 그는 셋집에 연금 상태로 보호를 받으며 2년간 아무런 제한없이 복음을 전파하는 놀라운 기적을 경험했다(행 28:30-31).

로마에는 당시 많은 유대인들이 살고 있었으며 누구에 의해서가 아닌 자생적으로 탄생한 교회가 있었던 것으로 전해진다. 당시 이 유대인들에 의한 소요 사태가 종종 발생했는데 이 때문에 글라우디오(제 4대 황제인 클라우디우스)는 한때 로마로부터 유대인 추방 명령(행 18:2)을 내리기도 했다. 바울은 이후 일시 석방되었으나 다시 체포되어 네로 황제에 의해 그렇게 사랑하던 로마에서 순교의 제물이 되었다.

일설에 의하면 그가 석방된 후 땅끝이라고 여겨지던 서바나에 가서 복음을 전하다 다시 체포되어 로마에서 처형된 것으로 알려져 있지만 확실치는 않다.

얼마 전 로마 여행에서 바울의 사적을 돌아보는 일정이 있었다. 그가 갇혔다는 지하 감옥(겨우 한 사람이 움직일 수 있을 정도로 협소했으며 습기 차고 어두운 지하)을 돌아보면서 바울이 얼마나 춥고 배고프고 고통스러웠을지 생각하니 순간 목이 메어왔다.

세상적으로는 전혀 부족함이 없고 뛰어난 신분과 학식, 지위와 부유함을 소유했던 그가 그리스도의 종으로, 복음의 빚진 자로 한평생을 살았다는 사실 앞에 우리의 초라함이 가슴속 깊이 엄습해 옴을 느끼는 순간이었다.

바울이 13권(로마서-빌레몬)의 서신서를 통해 밝힌 하나님 나라의 복음과 이신칭의 사상은 그가 다메섹 도상에서 그리스도를 만남으로써 이루어졌으며 교회의 전승을 통해 구체화되었다.

"바울이 없었다면 복음은 유대의 경계를 넘지 못하고 좌초될 뻔 했다"고 말하는 학자도 있을 정도이다.

바울, 그는 로마의 복음화를 위해 태어났고 유럽의 복음화를 위해 준비된 하나님의 신실한 일꾼이었다.

서구 문명의 뿌리
– 헬레니즘과 헤브라이즘

유럽 문명의 두 기둥은 고대 그리스와 로마이다. 고대 이집트를 포함한 그리스와 로마, 즉 지중해 문명이 유럽을 형성한 출발점이 되었다. 사실 이집트는 지역적으로는 아프리카에 속하나, 마케도니아 계통의 그리스인이 세운 프톨레마이오스 왕조임으로 인종적으로는 유럽 계통이라 할 수 있다. 당시 문명의 요람이었던 지중해가 용광로가 되어 여러 문명들을 끌어안아 유럽 문명의 원형으로 태어난 것이다.

로마 제국은 북으로부터 끊임없이 밀려오는 게르만족(로마인들이 야만인이라 불렀던 유럽의 북쪽에 살던 고오트족, 노르만족, 반달족, 부르군트족, 롬바르드족 등을 총칭함)의 대이동에 의해 476년 용병 대장인 오도아케르가 마지막 황제인 어린 아우구스툴루스를 폐위시킴으로 멸망했다.

오랜 세월에 걸쳐 힘으로 밀고 들어온 게르만족은 유럽 북쪽에 흩어져 살던 자들로서, 문화적으로는 선진 문명을 자랑하던 로마 제국과는 비교할 수 없는 미개인들이었다. 비록 힘으로는 로마를 정복했을지 모르지만 문화적으로는 반대로 그들이 로마에게 점령당하기 시작했다.

법과 제도, 기술과 화려한 문명에 압도되어 살아가는 동안 그들은 차츰 로마의 문화 속에 동화되어 새로운 문명을 창출하게 되었다. 그것이 바로 로마-게르만 문명이었다.

게르만의 여러 민족들은 문명의 중요한 두 요소인 종교와 문자를 로마에게서 받아들이게 되었다. 이미 로마의 국교가 된 기독교를 그들은 자연스럽게 접촉하게 되었으며 문자의 혜택으로 말미암아 기독교는 단시일에 그들의 삶 속에 중요한 종교로 자리 잡게 되었다. 한편 로마는 이미 그리스 문명을 전수받았으며, 종교적으로는 기독교의 국교화로 인해 기독교의 사상과 배경이 삶을 지배하고 있던 때였다.

따라서 유럽 문명의 뿌리는 로마-게르만 문명이며 이 문명은 또한 그리스와 기독교 문명에 기초를 두고 발전해 온 것이라 할 수 있다. 오늘날 서구 사상과 문화의 두 기둥은 헬레니즘과 헤브라이즘이다. 이는 서로 대립되는 사상으로 유럽 문화의 2대 원류가 되었다.

BC 331년 알렉산더의 페르시아 정복으로 오리엔트 문명과 서방 문명이 만나 헬레니즘의 문화로 탄생되었다. 이와 더불어 구약성경에 기초한 유대인들의 세계관과 가치관에 영향을 받은 헤브라이즘을 그대로 로마 제국이 수용함으로써 결국 유럽 문명은 게르만-로마 문명에 영향을 준 헬레니즘과 헤브라이즘에 의해 완성되었다고 볼 수 있다.

헬레니즘은 인간의 지성과 감성을 중시하는 인간 중심적 사상이며 그 배후에는 범신론적인 기조가 깔려있다. 즉 헬레니즘은 사람이 중심이 되는 인본주의 사상이다.

그러나 헤브라이즘은 유대교와 기독교의 모든 전통을 말하는 것으로 고대 히브리인의 사상과 문화 그리고 전통을 의미한다. 다시 말해 하나님이 모든 것의 중심이 되는 신본주의를 의미하는 것이다. 유일신 여호와 하나님을 중심으로 한 도덕적 인생관은 기독교가 지배하던 중세에 일어난 르네상스 즉 인본주의에 영향을 미쳤으며 이는 근대 유럽 문명을 형성하는 골격이 되었다.

또한 헤브라이즘은 유일신 하나님의 계시와 그 신앙을 토대로 하며 신에 의한 우주 창조, 역사의 주재, 신과 인간과의 계약에 의한 인간의 책임을 주장하는 세계관으로 인간 중심의 헬레니즘과는 대립되는 사상이다.

이와 같이 그리스 문명을 중심으로 하는 인간 중심 즉 인본주의 사상과, 가치로 대표되는 신본주의가 바로 서구 문명의 바탕을 이루는 두 줄기가 된 것이다.

헬레니즘은 이후 자연 과학이나 개인주의와 함께 고전주의, 자연주의에 영향을 주었으며 이어서 일어난 르네상스와 계몽주의, 사실주의로 그 맥을 이어갔다.

그러나 헤브라이즘은 히브리인의 유일신인 하나님 중심적 사상이며 신본주의적, 윤리적인 인생관과 세계관, 그리고 종말론적인 사상을 기본으로 하고 있다. 여기에서 태어난 유대교와 기독교는 낭만주의와 상징주의에 영향을 미쳤으며 로마의 기독교와 중세 그리고 종교개혁으로 그 맥을 이어 갔다.

　로마 문명은 초기에는 그리스 문명을 그대로 계승했다. 미케네 문명의 현상을 원형대로 수용함으로써 그리스 문명의 계승자 역할을 했다. 그 대표적인 예가 신화에서 나타난다.

　로마 신화에 등장하는 주피터는 그리스의 제우스에서, 비너스는 아프로디테(고린도에 있었던 신전: 천여 명의 여사제들이 공공연하게 종교적 의식으로 매춘행위를 하던 곳)에서, 큐피트는 에로스에서 그대로 나타나고 있는 것이다. 그러나 제국 말기에는 기독교에 동화되면서 기독교 문명 즉 헤브라이즘 사상을 적극적으로 수용했다. 멸망 후에는 게르만 문명과 함께 로마-게르만 문명으로 완성되어 전 유럽을 선도해 가는 사상적 배경이 되었다. 오늘도 이 문명은 세계 문명을 이끌어 가고 있다.

　한마디로 말하면 그리스와 로마적 전통을 의미하는 헬레니즘과 유대와 기독교적 가치관을 말하는 헤브라이즘이 르네상스를 통하여 헬레니즘의 과학적 사고와 탐구 정신이 헤브라이즘의 종교적이고 도덕적인 신본주의 사상과 통합하여 서양의 근대 문명으로 발전 정착하게 된 것이다. 이 문명은 유럽인들에 의해 건설된 미대륙에도 절대적인 영향을 끼쳐 오늘날 전 세계는 거의 한 문명권인 지구촌을 형성하게 되었다. 따라서 오늘날 유럽인의 삶 속에는 기독교의 정신과 사상이 깊이 물들게 되었다.

사막에 세워진 또 하나의 유일신 종교
- 이슬람

476년 로마 제국의 멸망 이후 세계사의 흐름에 변화가 일기 시작했다. 그 변화의 중심은 유서 깊은 메소포타미아나 이집트가 아닌, 아라비아반도 사막 지대에 있는 오아시스를 중심으로 발달한 무명의 도시였다. 특히 반도의 중앙에 위치한 메카는 아직 정치적인 통일을 이루지 못했으며 원시적인 다신교 신앙에 문화적으로도 저급한 상태에 머물러 있었다.

그러나 지정학적으로는 인도양, 홍해, 지중해를 연결하는 통상의 요충지에 자리 잡고 있어 페르시아, 바벨론, 시리아, 이집트, 인도 등과의 교역이 성행한 곳이었다. 이곳에서 장차 세계의 문명사에 회오리 바람을 일으킬 한 인물이 570년에 태어났다.

그는 아브라함의 첫아들인 이스마엘의 후손, 쿠라이시족의 하심 가문에서 유복자로 태어난 마호메트였다. 이스마엘은 아브라함이 아내인 사라의 여종 하갈을 통해 낳은 아들이다. 물론 아브라함에게는 하나님께로부터 약속받은 이삭이라는 아들이 있었으나 그는 이스마엘보다 14년 후에 사라를 통해 태어났다.

아버지에 이어 어린 시절 어머니까지 잃은 마호메트는 숙부인 아브탈리브의 밑에서 불우한 유년 시절을 보냈다. 당시 그 지역은 활발한 교역의 영향으로 많은 인적, 물적 교류가 빈번하였으므로 종교적으로도 유대교, 조로아스터교, 기독교가 널리 알려져 있었다.

마호메트는 성년이 되자 본격적으로 장사에 뛰어들었다. 이때 그는 이미 두 남편과 사별한 후 혼자 살아가던 젊은 미망인 카디자를 만나 그녀를 도우며 왕성한 활동을 하게 된다. 부유한 무역 상인이었던 카디자는 그의 성실하고 부지런한 인품에 반하여 많은 재력과 능력을 소유한 남성들의 구애도 뿌리치고 25세의 젊은 마호메트와 결혼했다.

마호메트는 낙타 새끼 20마리를 선물로 주고 그녀와 결혼했다고 전해진다. 그때 카디자의 나이는 40세였으며 그 후로 둘 사이에 2남 4녀를 낳게 되었다.

그는 자신이 사십 세가 되던 610년에 메카에서 약 3km 떨어진 히라산의 한 동굴 속에서 기도하며 명상하던 중 천사 가브리엘을 통해 알라의 계시를 받았다고 주장하고 있다.

자신이 신의 사자로 선택받았다고 생각한 그는 신에 복종하며 살아가는 경건한 공동체를 건설하는 사역에 생애를 바칠 것을 다짐했다. 그가 생각하는 새로운 공동체를 세우기 위해서는 기존의 질서에 대한 변화가 필요했다. 그러나 급격한 개혁에는 반드시 저항이 따라오기 마련이다. 그 저항 세력은 수많은 우상 숭배자들과, 무역과 상업 활동으로 부유해진 지배층들이었다.

제법 큰 규모로 성장한 마호메트 공동체는 갈수록 심해지는 그들의 박해를 피해 622년 메카에서 북쪽으로 약 480km 떨어진 메디나로 피신하며 새로운 거점을 마련했다. 이후 메디나는 메카 다음으로 이슬람의 제2 성지로 지정되었다.

이슬람에서는 이를 헤지라(Hezira)라고 부르며 이 시기를 이슬람 원년으로 삼고 있다. 이곳에서 마호메트는 현지 유력 가문들과의 갈등을 잘 조정하면서 '움마'라는 종교 공동체를 만들게 되었다. 그리고 그곳을 근거지로 장차 메카와의 전쟁을 준비하기 시작했다.

움마 공동체는 미래 우마이야라는 이슬람 왕조로 전 유럽에 알려지는 이름이 되었다.

힘을 비축한 이들은 드디어 630년에 메카로 진격하여 무혈 입성한 후 수많은 우상들을 파괴하고 전 도시를 이슬람화하는 데 성공했다. 2년이 지나도록 이 공동체는 쉬지 않고 팽창을 거듭하며 아라비아반도 전체와 시리아 남부를 장악하기에 이르렀다.

6세기 말에 태어나 사막에 회오리 바람을 일으키며 이슬람 왕국을 건설한 마호메트는 62세가 되는 632년에 사랑하던 19세의 젊은 아내인 아이샤의 무릎에서 숨을 거두었다. 아이샤는 마호메트 사후 첫 칼리프가 된 아부 바크르의 딸로 그녀가 6세 되던 해에 마호메트와 약혼했으며 결혼식은 9세(당시 마호메트는 52세)에 행해졌다. 이 사건이 이슬람에서는 상당히 부정적인 요소로 전해오고 있지만, 한편으로는 이슬람의 조혼이나 일부다처제에 정당성을 부여하는 근거가 되기도 한다.

마호메트 사후 첫 칼리프(후계자란 뜻)는 그의 장인(아이샤의 부친)이며 친구였던 아부 바크르에게로 잠시 넘어갔다. 그 후 2대 칼리프인 우마르 시대에 와서 이슬람은 전 아랍 세계를 통일하였고 다음 칼리프인 우스만이 북아프리카의 리비아까지 정복함으로써 유럽의 문턱인 스페인까지 이슬람이 진출하게 되는 계기가 되었다.

이후 끊임없는 암투와 모반 끝에 4대 칼리프에 오른 마호메트의 사위 알리(마호메트와 카디자 사이에서 6번째로 낳은 딸 파티마의 남편)가 암살되자 시리아 총독으로 있던 무아위야가 정권을 장악하면서 세습이 시작되었다. 이것이 바로 우마이야 왕조(661-750)의 탄생이었다.

마호메트가 죽은 지 1세기도 되지 않은 711년경 이슬람은 오늘날의 스페인을 정복했고 유럽 세계를 공포에 떨게 했다. 3개 대륙에 깃발을 꽂은 이슬람은 수도를 메카에서 다마스커스로 옮기고 자신들의 지배를 공고히 하기 위하여 거대한 모스크 사원을 짓기 시작했다. 쉴 틈 없이 진격하던 이슬람 제국은 8세기에 들어서자 여러 왕국으로 분리되어 중심이 바그다드로 옮겨졌으며 리베리아반도(지금의 스페인)에는 자체 칼리프 왕국이 세워졌다.

한편 1258년 이슬람의 중심 세력이었던 압시드 왕국의 수도인 바그다드가 몽골군에 의하여 함락되면서 유서 깊은 도서관이 불태워졌으며 수많은 과학자, 시인, 문학가들을 포함하여 80만 명이 넘는 주민들이 학살과 약탈을 당했다. 이때 몽골의 장군인 훌라구(징기스칸의 손자)는 이슬람의 마지막 칼리프인 알 무스타심을 멍석에 말아 말에 밟혀 죽게 했다. 이슬람 제국이 세계를 향하여 뻗어갈 당시는 유럽은 낮은 문명권에 속해 있었으며 이슬람의 발달된 과학, 의학, 약학 그리고 예술이나 철학 등이 유럽에 끼친 영향은 실로 지대했다.

정복 활동이 활발하게 진행되면서 동서 두 문명이 만나는 동안 그 영향력도 커져갔다. 스페인에서 나타난 안달루시아 문명이 대표적이다. 안달루시아 문명이 라틴어로 번역되어 이탈리아로 건너가 15세기 르네상스의 결정적인 요인이 된 것도 그 한 예이다.

유럽의 암흑기에는 이슬람의 학자들이 보다 선진적이었는데 과학이나 수학, 화학의 많은 용어들이 아라비아어에서 파생되었음은 그 실례가 된다. 아라비안나이트 즉 천일야화는 칼리프 왕조에서 생산해 낸 최고의 작품이다.

중국의 3대 발명품인 화약, 인쇄술, 나침반은 아랍인들에 의해 서양으로 전해졌으며 이는 대항해 시대와 르네상스를 여는 데 결정적인 촉매제가 되었다. 그러나 이것은 후에 유럽이 동양을 침략하는 중요한 수단으로 이용되기도 했다. 현재 전세계 무슬림 인구는 약 15억 이상으로 기독교 다음으로 많이 분포되어 있다.

유럽을 이슬람으로부터 수호한 칼 마르텔
- 투르 푸아티에 전투

　로마의 멸망은 문명의 발상지인 오리엔트 지역을 권력의 공백 상태로 만들어 놓았다.
　시리아와 팔레스타인 그리고 사산조 페르시아는 이미 전성기를 지나 형색만 갖추었을 뿐 당시에는 아무런 영향도 행사하지 못하는 상황이었다. 더구나 로마 제국의 다른 파트너였던 비잔틴 제국조차도 스스로 버티기 힘든 여건에서 이슬람의 독주는 가속 페달을 밟으며 질주하고 있었다. 이슬람의 성장은 이와 같은 공백 상태를 효과적으로 공략하는 데서 비롯되었다.
　원로들에 의한 추대 형식으로 칼리프가 세워지다가 제4대째인 알리가 일 년 만에 암살되면서 시리아의 총독이었던 무아위야가 칼리프로 세워졌다. 그가 새로운 세력으로 등장하면서 칼리프를 세습하기 시작했고 우마이야 왕조(661-750)가 탄생했다.

이후 이슬람은 제국으로 나아가는 길만이 남게 되었다. 이슬람은 동쪽으로는 인도에, 북쪽으로는 아프가니스탄과 중앙아시아에 이르고, 서쪽으로는 지중해 끝까지 세력을 넓혀갔다. 그리고 마침내 그들의 눈앞에 유럽 대륙이 펼쳐지게 되었다.

로마가 태어난 지 700여 년이 지나서야 지중해 세계를 제패한 것에 비하면 이슬람의 확장은 비할 데 없이 빠른 속도였다. 그러던 것이 8세기 초에 들어서면서부터 제동이 걸리기 시작했다. 유럽과의 두 번에 걸친 전쟁에서 결정적으로 패하게 된 것이다. 이 패전은 동, 서 양 끝에서 일어난 것으로 묘한 대조를 이룬다.

첫 번째의 패배는 유럽의 동쪽 끝에 있는 콘스탄티노플에서 비잔틴 제국과의 격돌이었다. 717년 이슬람의 선공으로 시작된 전투였지만, 세계 최고의 문명권이었던 비잔틴 제국은 쉽게 넘어뜨릴 상대가 아니었다. 특히 황제 레오 3세의 기독교 문명권에 대한 수호 의지가 이슬람을 물리치는 데 결정적인 역할을 했다. 만일 이 대결에서 비잔틴 제국이 무너졌다면 유럽의 역사는 새롭게 전개되었을 것이다.

한편 732년에 있었던 유럽과의 두 번째 접전은 유럽 서쪽 끝에 있었던 기독교 문명권인 프랑크 왕국과의 전쟁이었다. 711년에 에스파냐에 있는 서고트 왕국을 멸망시키고 에스파냐를 식민 통치하고 있었던 이슬람의 총독 압둘 라만은 피레네산맥을 넘어 유럽의 본 고장인 메로빙거 왕조의 프랑크 왕국을 침공했다. 이슬람은 보르드를 함락시키고 아키텐을 무너뜨린 후에 프랑크 왕국의 심장부를 향해 거침없이 진격했다. 이들을 저지하기 위해 출정한 사람이 바로 프랑크 왕국의 궁재였던 칼 마르텔이었다.

그야말로 기독교와 이슬람의 양 문명권이 격돌하는 대격전이었다. 이들은 프랑스의 중서부에 있는 투르 푸아티에에서 동서양이 겨루는 한판 승부를 벌였다. 기독교 세계를 수호하느냐 아니면 유럽을 이슬람에게 내어주느냐 하는 치열한 공방이었다. 칼 마르텔은 유럽의 그리스도 세계를 이교도의 침탈로부터 지키겠다는 의지로 그들을 물리치는 데 성공했다. 이후 이슬람의 진출은 내분과 북아프리카에서 일어난 베르베르인(투르 푸아티에 전투에 아랍인들과 함께 참전했던 북아프리카의 토착 민족, 주로 모로코와 알제리에 분포되어 있음)의 반란으로 사실상 중단되었다.

이 전쟁의 승리로 유럽은 기독교 세계관과 가치관이 주류를 이루어 가며 중세 유럽을 주도하는 데 탄력을 받게 되었다. 투르푸아티에 전투에서 유럽을 방어하여 영예와 실리를 얻은 칼 마르텔에 힘입어 751년 그의 아들 피핀은 메로빙거 왕조를 무너뜨리고 카롤링거 왕조를 새롭게 개창했다.

『로마 제국 멸망사』를 쓴 영국의 역사학자 에드워드 기번(1737-1794)은 "만일 프랑크 왕국이 이슬람의 침입을 막지 못했다면 그 후 옥스퍼드 대학에서는 기독교의 성경이 아니라 코란을 가르쳤을 것이다"라고 말했다. 그야말로 투르 푸아티에 전투에서 칼 마르텔의 승전은 세계사에 뚜렷한 변곡점이 되었다.

이 전투에서의 승리가 아니었다면 유럽의 정신 문명사는 한참이나 후

퇴했을 것이다. 특히 거의 같은 세기에 일어난 르네상스, 대항해 시대, 종교개혁은 이와 밀접하게 연관되어 있다.

유럽 끝에 위치한 스페인은 대서양 항로를 개척함으로써 대항해 시대를 열었다. 그리고 인간을 신에게서 해방시킨 르네상스 그리고 인문주의가 전 유럽을 집어삼키면서 일어난 종교개혁은 유럽인의 가슴속에 새로운 질서를 심어놓게 되었다.

하나님의 이름으로 자행된 추악한 전쟁
- 십자군 운동

역사상 유럽에서 일어난 수많은 전쟁 가운데 중세의 전 유럽을 소용돌이 속에 몰아넣었던 십자군 전쟁만큼 규모나 기간 그리고 양상에서 특이한 전쟁은 없었다.

1096-1254년까지 8차례에 걸쳐 약 160여 년간 진행된 이 전쟁은 당시 예루살렘 성지를 장악하고 있던 셀주크 투르크에 대한 성지 탈환을 목적으로 하는 순수한 종교적 동기에서 시작되었다. 그러나 회가 거듭할수록 전쟁의 양상은 세속적인 색을 띠며 가장 추악한 전쟁으로 변질되어 갔다.

7-8세기 들어 기독교의 주요 거점이었던 로마, 콘스탄티노플, 안디옥, 예루살렘 그리고 알렉산드리아 중 두 곳(로마, 콘스탄티노플)을 제외한

모든 곳이 이슬람 권역으로 편입되면서 예루살렘 성지에 대한 순례가 점점 어려워졌다. 많은 순례객들이 성지 방문 시에 예루살렘을 점령하고 있던 이슬람으로부터 박해와 수모를 당함으로 인해 고통을 호소했다.

때마침 소아시아의 아나톨리아(지금의 터키 지역)를 장악하고 있던 투르크족에 대한 위협과 안전한 성지 순례를 요구하는 성도들의 끊임없는 요구를 충족시키기 위해 비잔틴 제국의 황제인 알렉시우스 1세는 교황 우르반 2세에게 성지 탈환에 대한 협조를 요청했다.

동방 교회가 서방 교회를 향해 구조 신호를 보낸 것이다. 당시 유럽은 인구증가로 농업 생산력도 크게 향상되어 가고 있었다. 교회 역시 늘어가는 영지와 넘쳐나는 힘으로 당시 교황 우르반 2세는 어느 때보다도 자신감에 넘쳐 있었다. 교황뿐 아니라 영토가 절실하게 필요했던 각국의 왕과 성주들, 돈에 어두운 상인들, 자유와 해방을 고대하던 노예 등 모두에게 전쟁이란 유혹은 달콤할 수밖에 없었다. 확신과 승리감에 넘쳐 있었던 교황청은 전쟁에 적극 가담하기로 했다.

프랑스 출신의 교황 우르반 2세는 1095년 클레르몽 회의를 소집하여 성지 탈환과 동방 교회와의 재일치를 호소하며 십자군 전쟁을 주도하게 되었다. 1096년에 시작되어 3년간 진행된 제1차 십자군 전쟁은 8차례의 전쟁 중에서 유일하게 성공한 사례였다. 이 전쟁을 통해 교회의 염원이었던 예루살렘 성지는 탈환되었고 그 결과 지중해 동해안에는 에뎃사, 안티오키아, 예루살렘, 트리폴리 등 네 개의 십자군 공국들이 탄생하였다.

그러나 예루살렘 탈환 시 이슬람에 대한 무자비한 살인과 약탈이 병사들에 의해 자행되었다. 십자군 중에는 순수한 목적 이외에 물질적인 탐욕이나 동방 세계에 대한 모험, 호기심으로 참전했던 자들도 많았기 때문이다.

2차 십자군 전쟁에서, 그들에 의해서 세워졌던 네 개의 공국은 결국 다 멸망하고 말았다. 계속된 예루살렘 재탈환 역시 실패했다. 전쟁은 계속됐지만 거듭 실패로 이어졌다. 특히 1202-1204년까지 진행된 제4차 십자군 전쟁은 교황의 지시마저 무시된 채 진행되며 어처구니없는 결과를 낳았다. 상업적인 이해관계가 얽히면서 베네치아 상인들과 경쟁 관계에 있던 콘스탄티노플을 침공해 달라는 어처구니없는 요구에 따라 같은 기독교 국가인 콘스탄티노플을 향해 진격하여 함락시키는 어이없는 결과를 초래한 것이었다.

당시 콘스탄티노플은 같은 기독교도들인 십자군에 의해 심각하게 약탈당했으며 수많은 유적들이 파괴되었고 무고한 인명이 무차별 살해되었다. 결국 비잔틴 제국의 수도를 소아시아의 니케아로 옮기는 사태까지 발생했다. 그 결과 동서 교회의 갈등은 더욱 심화되었고 이슬람에 대한 동방 교회의 저항 의지는 갈수록 약화되었다. 제4차 십자군 전쟁 이후 1212년에 시작된 소년 십자군은 종교적 열성이 비정상적으로 표출된 또 하나의 비극적인 전쟁이었다.

스테판이라는 12세의 한 프랑스 목동이 어느 날, 예루살렘을 탈환하라는 그리스도의 계시를 받았다고 필립 2세에게 탄원했다. 이 터무니없는 탄원은 즉각 거부되었으나 그 허황된 계시를 아무 비판 없이 순수하게 받아들인 수많은 소년 소녀들이 맹목적으로 스테판을 따르게 되었으며 그 수는 무려 3만 명에 이르렀다.

12-13세 나이의 소년 소녀들은 그들 앞에 기적이 나타날 것으로 확신하며 의기양양하게 출발했다. 그들은 얼마 못 가 오합지졸이 되어 구걸 행각을 하며 프랑스의 마르세이유까지 행진했다. 성지에까지 태워 주겠다는 악덕 상인의 흉계로 일곱 척의 배에 나누어 탄 그들은 항해 도중 두 척이 풍랑으로 난파되어 몰살당했으며 나머지 다섯 척은 간신히 목적지에 도달할 수 있었다. 그러나 그들이 도착한 곳은 성지가 아니라 이집트의 알렉산드리아 항구에 있는 노예시장이었다. 결국 그들은 그곳에서 전원 노예로 팔려가는 비운을 겪고 말았다.

그리고 7년이 지나 그 노예들의 참상을 본 아이유브 왕조의 술탄(군주)이었던 카밀은 그들을 해방시켜 조국으로 돌아가도록 배려했다. 이에 따라 성인이 된 그들 중 약 700여 명만이 본국으로 돌아갔다. 참으로 어처구니없는 전쟁의 모습이다.

점점 더 세속적인 방향으로 가던 십자군 전쟁은 8차(1248-1254년)까지 계속되었으나 결국 본래의 성지 탈환이라는 순수한 목적은 실종되고 허무한 결과만을 낳고 말았다.

이 전쟁의 결과는 서구 사회가 근대로 넘어가는 계기를 마련해 주었으며 특히 교황권의 약화를 불러왔다. 또한 종교적인 통합성이 약해짐으로써 유럽 세계는 분권화를 향해 질주하게 되었다. 즉 기사와 영지를 중심으로 이루어진 장원경제가 붕괴하면서 중앙집권적인 근대 국가가 탄생하게 된다.

동로마 제국의 요청으로 시작된 십자군 전쟁은 이슬람에 점령당한 소아시아의 아나톨리아 동부 해안지대를 다시 수복하는 이익을 얻기도 했으나 4차 십자군 전쟁에서 수도인 콘스탄티노플이 점령당하고 파괴되면서 오히려 동로마 제국은 강국의 면모를 잃게 되었다.

반면 비잔틴과 이슬람 문명의 접촉으로 동서 간에는 활발한 문화 교류가 일어나 스콜라 사상이 싹트기도 했다.

십자군 전쟁은 왜곡된 종교적 신념이나 광적인 열성이 얼마나 많은 인간을 파탄으로 몰아갈 수 있는지 그 역사적 교훈을 우리에게 남겨 주었다.

종교와 세속과의 싸움

 1077년 1월 25일 눈이 휘날리는 추운 겨울날, 이탈리아 북부의 여성 백작인 마틸다가 성주로 있던 카놋사 성문 앞에 수도사의 복장을 한 남자가 맨발로 꿇어 엎드렸다. 그는 바로 당시 신성 로마 제국의 황제인 하인리히 4세였다.
 교황과의 주교 서임권을 놓고 다투다가 교황으로부터 파문을 당하자 철회를 요청하기 위해 황제의 체통을 팽개치고 성 안에 체류 중인 교황 그레고리우스 7세의 사면을 간곡히 구하는 중이었다.
 중세 교회가 세속적인 방향으로 흘러 심각한 타락 상태로 빠지게 되자 교회의 개혁을 부르짖는 목소리가 한창 터져나올 때였다. 클뤼니 수도원의 엄격한 수도사 출신이었던 교황 그레고리우스 7세는 이와 같은 상황에서 교회의 개혁을 위해서는 무엇보다 세속적인 왕권으로부터 독립해야 한다는 취지로써 강력한 개혁조치를 취하기 시작했다.

당시 가장 큰 이슈는 교황청과 왕권 사이에 주교의 임명권에 대한 서로 다른 견해였다. 이 임명권을 누가 갖느냐 하는 것은 당시로써는 대단히 중요한 관심사였다.

중세 유럽은 교회의 권위와 힘이 흘러넘치던 시기로, 각 지역의 주교 임명 등 수임권은 부와 권력에 영향을 주는 막강한 권한이었다. 따라서 이 권한을 누가 갖느냐 하는 것은 결코 양보할 수 없는 관심사였다.

이처럼 민감한 때에 마침 하이리히 4세가 자신의 궁정 신부를 대주교에 임명하자 교황은 즉각 반발하며 모든 수임권은 세속의 왕권이 아니라 자신에게 있음을 알리고 그의 임명을 철회할 것을 명령했다. 교황에게 한번 밀리면 절대로 왕권을 회복할 수 없음을 안 하인리히 4세는 그의 요구를 묵살했다. 이에 대하여 교황은 즉시 그를 파문에 처하고 왕위까지 폐위시키는 등 강경하게 대처했다. 황제는 자신을 후원하는 귀족들과 제후들의 배후를 믿고 처음엔 버티다가 시간이 지날수록 점점 자신이 소외되며 권력의 기반이 약화될 수 있다는 불안감에 결국 교황에게 굴복하기로 결단했다.

그리고 알프스를 넘어 북이탈리아의 카놋사 성에 잠시 머물고 있던 교황을 찾아가 사죄의 의미로 흰 옷을 입고 추운 겨울에 맨발로 3일간 성문 앞에서 그의 사면을 애타게 요구한다.

3일간의 간절한 청원 끝에 교황은 그의 파문을 철회하고 그를 복권시키는 데 동의했다. 교황권의 완벽한 승리였다. 그러나 왕권에 심각한 손상을 입은 하이리히 4세는 마음속으로 후일의 복수를 다지며 기회를 엿보기 시작했다. 당시 교황권은 가히 절대적이었으며 이 흘러넘치는 힘을 외부로 발산한 것이 바로 십자군 운동이었다.

카놋사에서 당한 굴욕으로 철저하게 패배한 하인리히 4세는 복수를 마음속에 외치며 꾸준히 왕권을 회복한 후 주위에 강력한 친정 체제를 구축해갔다. 그러다 1080년 마침내 이탈리아로 진격하여 카놋사의 성주였던 백작 마틸다를 굴복시키고 3년간의 전투 끝에 로마를 탈환하였다. 그레고리우스 7세는 베드로 성당에서 약 800m 떨어진 요새화된 산탄젤로성으로 피신했다. 이 성은 베드로 성당과 비밀 통로로 연결되어 만일의 사태에 피신하도록 되어 있던 안전지대였다.

이후 하이리히 4세는 무력으로 교황의 폐위를 선언하고 라벤나의 대주교인 클레멘스 3세를 그를 대신하여 새로운 교황으로 세웠다. 산탄젤로성으로 피신한 그레고리우스 7세는 와신상담하며 재기를 노렸으나 그 뜻을 이루지 못한 채 1085년에 망명지에서 "나는 정의를 사랑하고 부정을 증오하였기 때문에 유배를 당하고 죽음을 맞이한다"라고 부르짖으며 쓸쓸하게 숨을 거두었다. 하인리히 4세로서는 카놋사의 굴욕에 대해 통쾌하게 복수를 한 셈이었다.

그 후 십자군 전쟁을 일으킨 교황 우르반 2세가 하이리히 4세를 재차 파문하면서 세속과의 싸움은 계속되었다. 그러나 역사에는 항상 반전이 있기 마련이다. 이번에는 세속의 왕이 또 교황의 권위를 여지없이 짓밟은 정반대의 사건이 일어난 것이다.

1303년 로마의 동남쪽에 있는 아나니에서 프랑스의 필리프 4세가 교황청이 자국에 부과한 세금에 대하여 항의하자 이를 거부한 교황 보니파키우스 8세를 무력으로 납치하여 감금한 후 퇴위를 강요했다. 이 과정에서 필리프 4세의 측근인 기욤 드 노가레는 80세가 넘는 교황의 뺨을 때리는 당시로써는 상상하기 어려운 일을 저질렀다. 세속의 왕이 막강했던 교황의 권위를 짓밟은 사건이었다. 이 충격으로 교황은 얼마 후 사망하고 말았다. 중세 유럽에서는 이처럼 교황과 왕권 사이에 끊임없는 긴장과 갈등이 지속되었다.

로마 제국, 또 하나의 기독교
- 정교회(동방 교회: Orthodox Church)

313년 콘스탄티누스 황제의 밀라노 칙령에 의해 기독교에 대한 공인이 선포되면서 기독교는 로마 제국 내 어디에서도 삶과 정신에 기틀을 잡아가고 있었다. 생활 속 깊은 곳까지 기독교의 신앙과 정신이 배어들어 이제 로마 제국은 기독교 없이 그 어느 것도 생각할 수 없게 되었다.

기독교 공인 이후 80여 년이 지나 이번에는 통일 로마 제국의 마지막 황제였던 테오도시우스(재위 379-395 그의 사후 제국은 다시 동서로 분할됨)가 마침내 기독교를 국교로 선포하기에 이르렀다. 동토의 땅이었던 제국에 복음의 계절이 찾아온 것이다.

예루살렘의 조그만 다락방에서 시작된 예수 운동(복음)을 역사의 현장으로 이끌어 내며 제국 속에 복음의 왕국을 실현해 가던 사도 바울과 수

많은 복음 사역자들의 끈질긴 집념이 눈앞에 결실로 나타났다.

그들이 당한 수많은 고난과 박해는 오히려 전투력을 강화시켰고 단련된 선교적 열정은 복음의 열매로 맺어졌다.

기독교 신자였기에 당했던 고난과 시련이었는데, 이제는 믿지 않는 자들이 오히려 차별과 불공정한 대우를 받는 그런 사회가 그들 앞에 펼쳐진 것이다. 역사의 아이러니였다.

많은 사람들이 신자로서의 혜택을 받기 위하여 교회로 몰려들기 시작했다. 참으로 기이하고 신기한 현상이 현실 속에 이루어진 것이다. 로마(서로마 제국)가 멸망하자 세계의 경제, 문화, 정치의 중심 추는 동로마 제국으로 자연스럽게 이동했다. 그러나 종교의 중심은 여전히 로마가 주도권을 쥐고 있었으며 이에 대하여 동방제국은 별도의 독립권을 행사하기 시작했다.

서로마 제국이 멸망하여 정치적 후원 세력이 사라진 터에 굳이 로마 교회(서방 교회)에 예속될 필요성이 없다고 판단한 것이었다. 이와 같은 상황은 더욱 악화되어 사사건건 마찰을 빚던 중 마침내 동방제국은 기독교의 성인들을 조각한 성상들을 파괴하는 운동을 전개하며 서방 교회를 부정하기에 이르렀다.

1054년 이와 같은 분쟁이 최고조에 다다르자 동서 교회는 서로를 파문하는 사태로 발전하였고 마침내 돌아올 수 없는 길을 걷게 되었다.

특히 제4차 십자군 전쟁(1202-1204)에서 베네치아 공국의 사주로 십자군이 같은 기독교 형제 국가인 콘스탄티노플을 침공, 수많은 문화재와 보물들을 약탈하고 파괴하는 등 도시를 처참하게 유린했다. 동서 교회

간에 치유할 수 없는 깊은 상처를 남기게 된 것이다.

이와 같은 재앙은 결국 동서가 결별하는 결정적인 계기가 되었으며 이후 1453년 오스만 투르크에 의하여 동로마 제국마져 멸망하면서 고정화된 채 오늘에 이르렀다.

오스만 제국에 의해 멸망당한 후 콘스탄티노플의 동방 교회는 이슬람의 영향권 아래 지역적, 정치적 상황의 격변을 겪으며 새로운 기독교 신앙의 형태로 발전하게 되었다.

이렇게 시작된 동방 정교회는 서유럽 기독교와는 분명히 다른 정체성을 가지게 되었고, 서방 교회와는 다른 신조와 신앙적 기준을 가지고 나아가게 되었다. 서방 교회와는 전혀 다른 신앙적 방식에 따른 또 하나의 기독교가 태어난 것이다.

동방 정교회는 서방 교회(로마 카톨릭 교회)의 교황을 인정하면서도 1870년 제1차 바티칸 공의회에서 확정된 교황 무오설에 대하여는 반대하고 있다. 또한 성모 마리아에 대하여 성인과 존경의 대상으로는 보지만 마리아 승천설과 같은 카톨릭의 전통적인 견해는 따르지 않고 있다.

콘스탄티누스 황제가 기독교 공인 후 수도를 콘스탄티노플로 옮기면서 모든 권력의 중심은 서방에서 소아시아 쪽으로 이동했다. 오리엔트에서 시작된 문명의 진로상 분명 동방은 서방보다는 모든 면에서 앞서가고 있었기 때문이다. 이런 점에서 동방 교회가 서방 교회의 수위권에 순순히 따를 리는 처음부터 기대하기 어려웠다.

지역적 특성 때문에 오늘날에도 정교회는 그리스를 중심으로 그루지아, 루마니아, 러시아, 마케도니아, 불가리아, 우크라이나, 유고 등 동유럽 지역에 널리 퍼져 있다.

정교회에서는 기독교가 전통적으로 고백하는 사도신경 대신 니케아-콘스탄티노폴리스 신경을 신조로 삼고 있다. 또한 교황의 수위권을 인정하지 않으며 성탄절을 1월 6일로 지키고 있다.

러시아의 경우 989년에 블라디미르 대공이 비잔틴 제국으로부터 세례를 받은 것이 러시아 정교회의 시작이었다. 비잔틴 제국이 멸망하자 모스코바는 동로마 제국에 이은 제3의 로마를 자처하며 동방 교회의 중심 역할을 하기 시작했다.

1917년 러시아 혁명을 겪으며 정교회는 심한 박해를 받았으나 이후 세력을 회복하며 소련 연방 붕괴 후에는 상트 페테르부르그, 키에프, 푸스코프를 중심으로 교회가 살아나고 있다.

오늘날 러시아 정교회는 정교회 가운데 가장 큰 지역 교회를 이루고 있다. 한국에 정교회가 처음으로 소개된 것은 1897년 주한 러시아 공사인 볼랴노프스키에 의하여 알려졌으며 그 후 1900년에 초대 선교사인 스켓코프스키(Sketkovsky)가 첫 성찬 예배를 드림으로 시작되었다.

현재 전국에 9개의 성당과 2개의 수도원 그리고 주교 2명, 사제 8명 등 약 3-4천여 명의 신자가 있는 것으로 알려져 있다.

영국 국교회(성공회: Anglican Church)를 탄생시킨 헨리 8세의 이혼

1455–1485년 사이에 일어난 장미 전쟁은 왕위 계승권을 쟁취하기 위하여 영국의 두 왕가인 랭커스트가와 요크가 사이에 일어난 치열한 전쟁이었다.

서로 간에 붉은 장미(랭커스터 가문)와 흰 장미(요크 가문)를 가문의 상징으로 삼았기 때문에 붙여진 전쟁의 이름이다. 30년간의 긴 전쟁 끝에 붉은 장미의 랭카스터 가문에 속한 튜더 가의 헨리 7세가 승리하여 튜더 왕조를 개창했다.

헨리 튜더는 전쟁 상대였던 요크가의 딸 엘리자베스를 자신의 왕후로 삼는 등 양가의 화해를 시도하며 강력한 왕조를 구축했다. 그가 죽은 후 장자인 아서가 후계를 이어가야 했으나 그는 일찍 사망하여 동생이 왕위를 이어받게 되었으니 그가 바로 헨리 8세였다.

아서는 죽기 전에 이미 스코틀랜드의 캐서린 공주와 결혼했기 때문에 그녀는 이제 미망인으로 남게 되었다. 그러자 스코틀랜드에서는 왕위 계승자인 헨리 8세로 하여금 과부가 된 캐서린과의 결혼을 요구했다. 결국 양국의 관계를 위하여 12세에 불과한 헨리 8세는 19세의 형수인 캐서린과 마음에도 없는 결혼을 하게 되었다. 이후 둘 사이에는 공주인 매리가 출생했다.

매리는 자신의 어머니인 캐서린의 영향으로 독실한 카톨릭 신자로서, 왕이 된 이후 신교도와 성공회에 대한 탄압으로 많은 신도들을 희생시켜 피의 여왕으로 알려진 인물이다. 딸 하나만을 낳은 헨리 8세는 더 이상의 후손(특히 왕자)이 없자 당시 궁내에서 미모와 사교계의 총아로 떠오르던 궁녀 앤 볼린과 염문을 뿌리기 시작했다.

원래 마음에 없던 캐서린과의 결혼에 실증을 느낀 터라 둘 사이의 관계는 급속도로 진척되어 결국 헨리 8세는 캐서린과 이혼하고 앤 볼린과 결혼하기 위하여 교황청에 도움을 요청하기에 이른다. 그러나 당시 교황이었던 클레멘스 7세가 교회법으로 엄격히 금지된 이혼을 반대하자 헨리 8세는 1534년 영국 국왕을 새로운 교회의 수장으로 하는 국왕 지상법(수장령)을 발표하고 2년 후 로마 교회의 모든 감독권을 폐지하는 법령을 공포했다. 또한 자신의 계획에 반대하는 자들을 제거했다.

『유토피아』의 저자인 토머스 모어를 비롯하여 많은 수도사들이 이때 반역죄로 희생당했다. 헨리 8세는 결굴 형수였던 캐서린과 이혼하고 앤 볼린과 결혼했다. 그러나 그는 얼마후 그렇게 사랑했던 앤 볼린을 부정

혐의로 처형했다. 더 나아가 모든 카톨릭 교회와 수도원을 해산하고 그 재산을 몰수해 버렸다. 이렇게 하여 왕을 교회의 수장으로 하는 새로운 교회가 탄생되었다. 더 이상 로마 교회(카톨릭 교회)의 어떤 제재나 통제도 받지 않는 독립된 교회가 된 것이다. 이렇게 시작된 영국 국교회를 성공회 혹은 앵글리칸 교회(Anglican Church)라고 부른다.

로마 교회와 성공회의 분열은 신조나 교리상의 문제가 아니라 순전히 정치적이고 교회 법적인 문제가 원인이었기 때문에 신조나 의식, 제도, 성직의 구성 등은 카톨릭 교회와 매우 흡사하다.

그러나 통합성이 강한 로마 교회에서의 탈퇴와 독립이란 의미에서는 성공회를 신교의 한 부류로 보는 것이 일반적인 시각이다.

강력한 통치력과 과감한 판단으로 로마 교회에서 독립한 헨리 8세는 앤 볼린을 비롯해 2명의 왕비를 처형하고 2명의 왕비와는 이혼하는 등 파란만장한 삶을 살다가 56세(38년 재위)에 세상을 떠났다.

6번의 결혼을 통하여 간신히 세 번째 왕비인 제인 쎄이모어에게서 낳은 아들인 에드워드6 세가 그의 왕위를 이었다. 그리고 뒤를 이어 메리(캐서린과의 딸)와 엘리자베스 1세(앤 볼린과의 딸)가 계속하여 왕위를 계승했다.

특히 엘리자베스 1세가 영국 국교회를 더욱 강화시켜 교황청과 갈등이 깊어지자 1570년 교황 비오 5세는 그녀를 파문하였으며 이후 카톨릭과는 완전히 결별하게 되었다. 엘리자베스는 그의 치세 동안 성공회의 후원자로서 종교개혁 후 점차 세를 확장해 가던 신교를 탄압하였으며 이것은 많은 청교도들이 신앙의 자유를 찾아 신대륙으로 진출하는 계기가 되었다.

엘리자베스 1세는 당시 세계 최강의 스페인 무적함대를 격파하는 등 영국을 세계의 정상으로 끌어올리는 데 공을 쏟았으나 처녀로 일생을 살았기 때문에 그가 죽은 후에는 후계에 다시 문제가 생겼다. 그래서 당시 영국 왕실의 피가 섞인 스코틀랜드의 제임스 6세를 영국의 제임스 1세로 즉위토록 하는 편법으로 후계 문제를 해결해야 했다. 즉 그는 스코틀랜드의 제임스 6세인 동시에 영국의 제임스 1세로 두 나라의 왕을 겸임하게 된 것이다.

그는 이후 성경을 영어로 번역하여 가장 권위 있는 영어 성경인 킹 제임스 버전(King James Version: 흠정역)을 만드는 데 크게 공헌했다. 성공회(영국 국교회)는 이후 영국의 해외 식민 정책으로 북아메리카, 아프리카, 아시아, 오세아니아로 널리 확장되었다.

성공회의 신앙적 특징은 칼빈주의를 많이 따르고 있으며 동서 교회가 분열되기 이전의 공의회가 결정한 사도신경, 니케아 신조, 성 아타나시오 등 많은 교리를 그대로 준수하고 있다.

개신교와 카톨릭 교회 사이에서 중도적인 입장을 취하기는 하나 개신교 중 가장 카톨릭에 가깝다. 성직에는 주교, 사제, 부제의 세 종류가 있으며 캔터베리 대주교가 세계 성공회의 상징적인 수장으로 되어있다. 현재의 캔터베리 대주교는 저스틴 웰비(Justin Welby)이며 2013년에 취임, 한국을 방문한 바 있다.

한국에서는 1889년에 영국 해군 군종 신부로 초대 주교인 코프(Corfe, 한국명:고요한)를 한국에 파송함으로써 첫 선교의 문을 열었으며 1915년에는 김희준이 한국인 최초의 사제로 서품을 받았다. 한국에는 약 6-7만 명의 신도들이 있는 것으로 알려지고 있다. 사제의 양성을 위한 교육 기관으로는 성공회 신학교(성공회 대학교)가 있으며 진보적인 경향이 강한 학풍을 특색으로 하고 있다.

인간성 파괴를 공의의 심판으로 착각한 종교인들
- 종교 재판

교회(교황 제도)와 봉건 제도는 중세 유럽에서 빼놓을 수 없는 핵심적인 용어이다.

특히 당시 교회는 모든 영역에서 절대적인 위치에 서 있었다. 교황은 유럽의 그 어떤 군주들보다 지도적인 자리에 있었으며 교회의 질서와 통치에 맞설 수 있는 세력은 어디에도 없었다.

이 같은 상황에서 오래전부터 교황청은 교회를 힘들게 했던 신학적인 이단을 청산하기 위하여 마침내 칼을 뽑게 되었다.

13-17세기 로마 카톨릭 교회가 이단자를 처벌하고 박멸하기 위하여 주도했던 폭력과 비이성적인 무자비함, 가혹한 인권 탄압이 바로 종교 재판이란 이름으로 시행되었던 것이다. 여기에는 이단자뿐 아니라 연금

술사나 마법 또는 주술을 행하는 자들까지도 포함되었다.

1233년 당시 교황이었던 그레고리우스 9세가 교황의 교서를 통하여 이단 심문관 제도를 세우면서 종교 재판 조직이 전 유럽의 기독교 국가에 설치되었다.

이를 통해서 이단에 대한 대대적인 탄압이 시작되었다. 특히 스페인에서는 기독교 회복 운동인 레콘키스타가 완성된 1492년 이후 유대교와 이슬람에 대한 가혹한 보복과 학대가 종교 재판의 이름으로 연출되었다. 수많은 유대인과 이슬람인들이 화형장으로 혹은 재산 몰수와 해외 추방으로 혹독한 박해를 당했다.

한 번 이단자로 인정을 받으면 어떠한 변호도 허용되지 않았으며 불리한 증언에 의해서만 판결을 받아 화형장으로 끌려가는 신세가 되었다. 통계에 따르면 12-16세기까지 종교 재판에 의해 희생당한 숫자가 수백만 명에 이른다고 하니 영혼 구제가 목적인 교회가 이와 같은 참극을 주도하였다는 것은 참으로 놀라운 일이다.

특히 16-17세기에는 마녀사냥이란 명목으로 수십만 명이 마녀(주로 여성)로 몰려 별다른 재판이나 법정에서의 변호도 없이 무참하게 불태워지고 재산이 몰수되었다. 국외로 추방당한 수많은 사람들 역시 종교 재판이란 이름으로 행해진 또 하나의 잔인한 비인간적 행위였다.

마녀사냥에 의해 죽어간 희생자들의 대부분은 혼자 사는 부유한 과부, 지위가 낮은 여성, 변덕스럽고 성적으로 방탕하다고 생각되는 여성들, 심술궂게 생긴 노파, 동성애자 등 주로 보호자가 없는 약자들이었다. 이들에게서 악령의 존재나 악마의 소리를 들었다는 아무런 근거 없는 증언만으로 희생된 것이다.

여자의 경우 대부분 벌거벗겨져 나체로 매달린 채 불태워졌는데 그러한 처형 장면은 당시 남성들에게는 대단한 흥밋거리였다고 한다. 1431년 영국과의 백년 전쟁에서 프랑스의 영웅으로 추앙받던 잔 다르크가 영국에 포로로 잡힌 후 마녀로 인정되어 19세의 처녀로 화형에 처해진 것은 잘 알려진 역사적 사건이다.

이탈리아의 유명한 물리학자요 근대 천문학의 아버지로 일컬어지는 갈릴레오 갈릴레이(1565-1642)는 『두 우주 체계에 관한 대화』에서 태양계의 중심은 지구가 아니라 태양이라는 코페르니쿠스의 이론을 옹호한 죄로 로마의 바티칸 법정으로 불려가 종신형을 받기도 했다. 당시 카톨릭 교회의 우주관은 지구가 태양계의 중심이란 사상이었다. 종교 재판은 이와 같이 자연의 진리까지도 왜곡했다.

이처럼 교회의 반 인권적이고 야만적인 탄압에 대하여 1992년 교황 요한 바오로 2세는 위원회를 조직해 지난날 갈릴레오의 용기를 인정하고 종교 재판에 의해 선고된 그의 유죄 판결에 대해 공식적으로 사과했다. 당시의 종교 재판은 분야를 막론하고 교황청의 일방적인 판단에 따라 자행되었다.

영국의 존 위클리프(1320-1384)는 당시 사용되던 라틴어 성경(불가타)을 영어로 번역했다 하여 그의 사후 44년이 지난 1428년 당시 교황인 마르티누스 5세에 의한 부관참시의 판결에 따라 그의 무덤을 파헤쳐 **뼈**를 불태워 스위프트 강에 버리는 만행이 자행되었다. 영어로 성경을 번역하여 세상에 내놓아 일반인들에게 읽게 한 틴데일(1494-1536)은 후에 헨리 8세에 의해 화형을 당하는 어처구니없는 일을 당하기도 했다. 당시에 성경은 사제들이나 일부 귀족들 외에는 읽을 수 없는 금서였기 때문이다.

그러나 틴데일이 죽은 후 얼마 지나지 않아 영국의 제임스 1세는 역사상 가장 권위 있는 영어 번역본인 흠정역(King James Version)을 발간하는 성경 번역사의 획기적인 기여를 하였으니 시대착오가 낳은 희극적인 비극이다.

오랜 시간 무자비하게 진행된 종교 재판은 신앙적인 열광주의와 광신주의가 야합한 종교적 열성으로 표출된 현상이었다. 기독교 윤리와 도덕성이 철저하게 짓밟힌 시대적 비극이었으며 인간에 대한 가혹한 고문과 처벌이 교권(교황권)의 수호와 하나님의 영광을 위해서라는 미명으로 시행된 인간성 파괴 행위였다.

계몽사상이 일어나고 인간의 이성을 중요시하는 인본주의가 태동하면서 이와 같은 악행은 사라지게 되었다.

신대륙 정복에 나타난 두 가지 다른 결과

1488년 포르투갈의 바톨로뮤 디아스(Bartolomeu Dias 1450-1500)는 리스본을 떠나 수개월의 악전고투 끝에 아프리카 대륙의 최남단인 '폭풍의 곶'을 돌아 귀국하는 쾌거를 이룩했다.

포르투갈의 주앙 2세는 그곳을 고난과 시련을 의미하는 이름 대신 희망봉이라 고쳐 부르도록 하였다. 그리고 십 년이 지난 1498년에 바스코 다 가마는 디아스가 발견한 희망봉을 돌아 인도양을 건너 인도의 캘리컷에 도달하는 동인도 항로를 개척하는 위업을 달성했다.

이 항해는 왕복 2년이 걸렸으며 170명의 대원 중 60명만이 생환하였으나 그곳에서 얻은 향료(후추)는 항해 비용의 60배에 달하는 이익을 왕실에 안겨주었다.

포르투갈에 선수를 빼앗긴 스페인은 이후 방향을 서쪽(포르투갈은 동쪽 항로를 개척)으로 향하여 대서양 항로를 개척하기로 결정한 후, 콜럼버스의 계획을 적극 후원하게 되었다. 당시 스페인은 북아프리카의 이슬람 세력인 무어인들에 의해 점령당한 국토를 기독교로 회복시키기 위한 운동(레콘키스타)을 벌이고 있었다. 이슬람의 마지막 거점인 그라나다의 탈환으로 이 운동이 성공하자 이사벨 여왕은 그동안 미루어 왔던 이탈리아의 콜럼버스가 꾸준히 요구한 대서양 항로를 개척하는 데 힘을 쏟기 시작했다.

1492년 콜럼버스는 산타마리아를 기함으로 하는 세척의 배로 70일간의 힘들고 고통스러운 항해 끝에 카리브해의 바하마 제도에 도달했다. 그는 그곳을 인도라고 생각했고 죽을 때까지 그렇게 믿고 있었다. 그래서 지금까지도 그곳을 서인도 제도라고 부르게 되었다.

이처럼 두 나라는 경쟁적으로 신세계를 향한 도전에 심혈을 기울였다. 향료 무역을 통한 이익에 중점을 둔 포르투갈과는 달리 후발 주자인 스페인은 남미 대륙을 상대로 본격적인 정복 전쟁에 나서기 시작했다.

기독교 문명 외에는 어떤 문명도 허용치 않았던 스페인은 점령 지역의 전통문화를 전혀 인정하지 않았고 정복의 대상으로만 여겨 잔인하고 야만적인 약탈 행위를 이어갔다. 그 첫 번째 희생 지역은 지금의 멕시코 시티에 위치한 아즈텍 제국이었다.

1519년 스페인의 코르테스는 원시적인 방법으로 대항하는 아즈텍을 향해 열한 척의 배에 탄 600여 명의 병력과 14문의 대포로 맞서며 4만 명이 넘는 원주민을 제압했다. 그 과정에서 그들은 화려한 아즈텍 문명을 전혀 인정하지 않고 야만적인 수단으로 여지없이 파괴하며 원주민들을 대량 학살했다. 그리고 왕실의 수많은 금 장식물을 탈취해 본국으로 수송했다.

이 정복 전쟁에서 카톨릭 사제들은 십자가를 들고 앞장을 섰다고 전해진다. 십자가로 야만과 폭력의 얼굴을 가린 채 무자비한 약탈 행위를 자행한 것이다.

남미 대륙에서 또 하나의 찬란한 문명인 잉카 문명 역시 신대륙 발견 이후 수없이 몰려드는 무명의 소영웅들에 의해 가차 없이 짓밟혔다.

1531년 스페인의 피사로는 황금의 나라로 알려진 엘도라도를 찾던 중 180명의 군인과 27마리의 말을 이용해 잉카 제국의 황제를 포로로 잡고 수많은 보물을 약탈했다. 그리고 2년 후인 1533년에 마침내 잉카 제국을 멸망시켰다.

스페인의 정복자들은 사제가 내미는 성경을 수용하고 자신들의 토착 신앙에서 개종할 것을 요구했지만 황제가 이를 거부하자 잔인하게 처형했다. 그런 식으로 자행된 약탈과 정복을 통해 스페인은 그 시대 세계 최강국의 대열에 올라섰다.

남미를 정복한 후 스페인은 원주민들을 노예로 삼아 혹독한 수탈을 자행했다. 그들에게서 전염된 천연두와 파상풍은 아즈텍, 마야, 잉카 제국의 인구를 16세기 약 7-9천 만에서 백 년 후에는 350만 명으로 급격히 감소시키는 참담한 결과를 낳게 했다.

카톨릭 사제를 앞세워 비인간적인 방법과 수탈로 남미 대륙을 정복한 스페인의 원정대, 그러나 그들이 무력으로 전파한 카톨릭은 이후 변질된 종교로 타락하고 말았다.

원정 과정에서 원주민을 무자비하게 학살했던 스페인 병사들과 비교해 16-17세기 사이에 영국의 청교도들에 의한 북미 진출은 처음부터 그 양상이 확연히 달랐다.

16-17세기 영국에서는 영국 국교회(성공회)로부터 칼빈주의에 속한 신교도들이 심한 박해를 받았다. 특히 엘리자베스 1세가 치세하던 1558-1603년에는 영국 국교회의 통일령(영국 국교회의 예배와 기도, 의식 등을 통일한 법령)과 수장권(영국 교회에 대한 수위권이 로마 교황이 아니라 영국 국왕에게 있다고 규정한 법률)에 반대하던 청교도의 목사들이 면직되고 투옥되는 일까지 일어났다. 이후로도 국교회로의 개종을 거부하는 청교도들에게 가혹한 박해와 탄압이 계속되었다.

그러자 청교도들은 종교의 자유를 찾아 신대륙인 북미로 이주하기 시작했다. 그들은 엄격한 윤리와 금욕주의적 삶을 통하여 경건한 생활을 신대륙에 정착시켰다. 그들이 신앙의 자유 속에 살게 된 곳이 바로 오늘날의 미국이다. 미국의 정신은 한마디로 청교도주의 혹은 개척 정신이란 말로 표현할 수 있다.

청교도들의 신앙적 뿌리인 칼빈의 신학은 그 기초가 예정론이었으며 그 사상은 하나님과 인간 사이에 이루어진 계약의 실현 과정으로 보는 계약 신학적 관계에 뿌리를 두고 있다. 이 사상은 근대 유럽 문화 형성에 주류를 이루었으며 근대 민주주의 형성과 자본주의 태동에도 큰 영향을 미쳤다. 오늘날까지도 이 사상이 미국의 모든 영역을 주도하고 있다 해도 과언이 아니다.

청교도들은 스페인 정복자들과 달리 원주민들에 베푸는 삶을 살았고, 그들을 초대해 함께 추수감사절 행사를 가지기도 했다.

칼빈의 신학 사상은 오늘날 스위스를 비롯하여 네덜란드, 독일의 개혁파 교회들, 그리고 프랑스의 위그노, 스코틀랜드의 장로파, 잉글랜드의 퓨리턴(장로파, 독립파, 뱁티스트)을 탄생시켰다. 이들은 현재 전 세계의 지도적인 위치를 점하고 있다.

앞서 우리는 신대륙 진출 과정에서 스페인의 잔인함과 영국 청교도들의 경건한 삶이 어떻게 대조를 이루는지 살펴보았다. 이러한 모습은 초기부터 달랐으며 정복이 진행되는 과정 내내 뚜렷하게 비교되는 양상으로 발전되었다. 그리고 그 결과 역시 뚜렷하게 다른 열매로 나타났다.

그러나 그때와 달리 미국을 마냥 긍정적인 시선으로 바라볼 수 없게 되었다. 청교도 사상으로 무장했던 미국이었지만 오늘날 다문화 시대로 진입하면서 그 양상이 조금 달라지고 있기 때문이다. 인종의 전시장으로 불릴 만큼 미국은 현재 다양한 인종들이 모여 살고 있다. 그러다 보니 정체를 알 수 없는 변조된 문화들이 생겨나고 그런 문화들이 삶에 깊이 침투해 영향을 미치고 있음은 경계의 시선으로 바라봐야 할 일이다.

특히 자유주의 신학의 등장은 청교도 신앙의 실종을 의미한다고도 볼 수 있다.

종교개혁을 완성한 칼빈

 칼빈(1509-1564)은 마르틴 루터에 의해서 시작된 종교개혁을 학문적으로 완성한 신학자이다. 프랑스 노용에서 출생했으나 당시 개혁에 대한 적대적인 분위기가 심해지자 스위스 바젤로 피신하여 그곳에서 위대한 저서 『기독교 강요』의 초판을 완성했다.

 그 후 그는 생애의 거의 절반을 제네바에 머물면서 개혁을 이끌어 스위스를 개신교의 거점으로 만드는 데 공헌했다. 칼빈주의 혹은 칼빈 신학에 대해, 칼빈이 고안하고 세운 기독교 신학의 한 부류로 생각하는 사람들이 있지만 사실 이 사상은 성경에 기초한 성경주의 또는 성경 신학을 의미한다.

 칼빈주의는 성경적인 인생관이자 세계관이며 성경적 우주관으로 하나님의 말씀을 삶의 현장에 구체적으로 옮겨놓은 실질적인 삶의 방법이다. 한마디로 칼빈주의는 신학의 한 부분이 아니라 성경에서 도출한 성경주의라 할 수 있다.

또한 칼빈주의는 복음주의적이나 모든 복음주의가 칼빈주의는 아니라는 사실도 알아야 한다. 우리는 칼빈주의를 따르는 것이 아니라 성경주의를 따르고 성경에만 전적으로 의존한다.

칼빈의 신학은 성경을 조직적으로, 체계적으로 해설한 것으로 종교개혁 이후 개신교 신학사상의 주류로 자리잡게 되었다. 칼빈주의는 서구 사회의 문화, 경제, 교육, 정치 등 모든 분야에서 근대 사회를 형성하는 데 막대한 영향을 미쳤다. 특히 칼빈의 예정론은 성경에 나타난 바울 신학을 근본으로 하고 있다. 바울 신학은 어거스틴과 루터로 이어지는 신학사상으로 칼빈에 의하여 체계화되었다.

칼빈주의는 하나님의 절대 주권을 신학의 주제로 삼고 있는데, 이 또한 바울 신학의 주요 관점이기도 하다.

> 이는 만물이 주에게서 나오고 주로 말미암고 주에게로 돌아감이라 그에게 영광이 세세에 있을지어다(롬 11:36).

이 말씀은 모든 기원이 주께 있음을 분명하게 선언하는 내용이다.

칼빈은 그의 책에서 기독교의 핵심 교리를 담아 개혁신학의 초석을 세웠다. 1618-1619년에 열린 도르트 총회(Synod of Dort)에서는 네덜란드의 알미니우스주의자들이 제기한 5개의 항의서에 대한 답변으로 도르트 신경(Canons of Dort)을 채택했다.

여기에서 채택한 5개의 교리를 흔히 칼빈의 5대 교리라고 부른다. 이는 칼빈의 개인적인 신학 사상이 아니라 성경에 나타난 신학적 원리를 정리 해설한 것으로써, 이후 이 교리는 개혁 교회 특히 장로교회의 신학적 원리로 자리 잡게 되었다.

칼빈주의 혹은 칼빈 신학을 말할 때 그의 5대 교리는 성경적 원리에 입각한 중요한 신학적 기초가 되었다. 그리고 이 교리는 이후 인본주의와 자유주의 신학과의 논쟁이 있을 때마다 한국 장로교회의 신학적 정체성을 확인하는 데 매우 중요한 도구가 되었다. 그 내용은 다음과 같다.

1. 인간의 전적 타락 (혹은 전적 부패, Total Depravity)

에덴에서의 인간의 타락은 지, 정, 의, 모든 면에서 전적으로 부패하여 인간 스스로는 선을 행할 의지도 능력도 없다. 따라서 구원에 이를 수 있는 어떤 방법도 없음을 말한다.

> 의인은 없나니 하나도 없으며 깨닫는 자도 없고 하나님을 찾는 자도 없고 다 치우쳐 함께 무익하게 되고 선을 행하는 자는 없나니 하나도 없도다(롬 3:10-12).

신앙의 첫 단계는 자신의 이런 전적인 부패와 무능력을 인정하는 데서부터 시작되어야 한다.

그러므로 구원은 인간의 노력이나 공로, 의지나 결단으로는 전혀 불가능하며 오로지 삼위일체 하나님의 도움만이 유일한 수단임을 알아야 한다. 인간의 구원은 하나님의 조건 없는 선택만이 있을 뿐이다.

2. 무조건 선택(Unconditional Election)

창세 전 하나님께서는 구원받을 자와 버릴(유기) 자를 그의 선하시고 기쁘신 뜻에 따라 예정해 두셨다는 것이다. 이는 타락한 인간이 구원에 대하여는 그 무엇도 할 수 없기 때문이다. 인간의 행위, 혹은 앞으로 믿을 것을 미리 아시고 선택(예지, 예정)한 것이 아니라, 즉 조건적으로 선택한 것이 아니라 아무런 조건 없이 택하셨다는 것이다.

그러므로 구원에 있어서 인간은 자신의 어떤 행위나 노력, 공로가 개입할 여지가 전혀 없음을 인정해야 하는 것이다.

그 자식들이 아직 나지도 아니하고 무슨 선이나 악을 행하지 아니한 때에 택하심을 따라 되는 하나님의 뜻이 행위로 말미암지 않고 오직 부르시는 이로 말미암아 서게 하려 하사(롬 9:11, 참조: 딤후 1:9, 행 13:48).

3. 제한 속죄(Limited Atonement)

그리스도께서 십자가에서 죽으심은 구원받을 자만을 위한 것이지 구원에서 제외된 자들과는 무관하다는 것이다. 이는 속죄의 능력이 제한적임을 의미하는 것이 아니라 구원을 얻도록 택함받은 자들에게만 유효하다는 의미다. 즉 그리스도는 하나님께서 택하신 백성들에게만 자신의 생명을 주시기까지 희생 제물이 되어 죽으셨기 때문이다.

즉 예수님의 죽으심은 구원받을 자들에게만 선택적으로 효력을 나타낸다는 것이다. 그리스도가 사탄을 위해서 죽지는 않으셨기 때문이다. 한편 알미니안주의(감리교, 성결교 등)에서는 무제한 속죄에 무게를 두고 있다.

아버지께서 나를 아시고 내가 아버지를 아는 것 같으니 나는 양(만을)을 위하여 목숨을 버리노라(요 10:15).

4. 불가항력적 은혜(Irresistible Grace)

구원하시기로 작정된 자는 그 어느 누구도 하나님의 은혜를 거부할 수 없다는 것이다. 즉 구원은 전적으로 선택(예정)을 기초로 한 하나님의 주권적 사역이므로 이런 하나님의 은혜가 주어질 때 인간은 결코 거부할 수 없음을 의미한다. 알미니안주의자들은 인간의 자유의지에 따라 거부할 수 있다고 말한다. 그러나 이는 하나님의 절대 주권에 대한 도전일 수 있다.

나를 보내신 이의 뜻은 내게 주신 자 중에 내가 하나도 잃어버리지 아니하고 마지막 날에 다시 살리는 이것이니라(요 6:39).

5. 성도의 견인(Perseverance of the Saint)

구원받도록 선택된 자는 하나님께서 끝까지 보호하시고 이끌어 가심을 말한다. 비록 한때 타락의 길로 나갈지라도 궁극적으로 반드시 구원함을 받는다는 것이다. 즉 한번 부르심을 받은 자는 구원이 보장되어 있음을 의미한다. 이는 마치 불법 주차된 차가 견인차에 의해 끌려가듯 하나님의 손에 잡혀 구원의 날까지 이끌려 감을 의미한다. 즉 하나님의 선택이 인간에 의해 무효화될 수 없음을 의미한다.

칼빈의 예정론에 의한 5대 교리는 우리의 이성으로는 때로 이해하기 어려운 면이 있다.

예정론을 기계적이나 운명론적으로 접근해서는 안 된다. 예정론은 하나님의 구원의 경륜에 관한 것으로 이해해야 할 것이다.

> 모든 은혜의 하나님 곧 그리스도 안에서 너희를 부르사 자기의 영원한 영광에 들어가게 하신 이가 잠깐 고난을 당한 너희를 친히 온전하게 하시며 굳건하게 하시며 강하게 하시며 터를 견고하게 하시리라(벧전 5:10).

오백여 년 전(1517)에 시작된 종교개혁은 칼빈에 의해 학문적으로는 완성되었으나 개혁의 물결은 지금도 진행 중에 있으며 앞으로도 계속되어야 할 것이다.

신학의 자유화 물결
- 자유주의 신학

18세기에 들어서면서 유럽에서는 프랑스를 중심으로 계몽주의 사상이 싹트기 시작했다. 이는 바로 절대 왕정과 중세를 지배해 온 교회의 절대 권위에 대한 도전이었다. 또 경건주의와 낭만주의가 일어나면서 합리주의와 개인주의 사상에 기초한 새로운 조류가 생겨나게 되었다.

계몽주의 사상은 교회의 비과학적인 면과 독단적 해석에 반기를 들며 형이상학보다는 인간의 상식, 경험, 과학적 방법을, 교회나 성경의 권위보다 우위에 두기 시작했다.

이와 같은 흐름은 교회의 교리, 전통, 신학보다는 인간의 이성, 경험, 감정, 도덕적인 능력을 보다 높은 가치에 놓았으며 역사적인 낙관론, 인간의 문화 창조 능력을 특히 강조하는 경향으로 나아갔다. 이것은 유럽의 모든 영역, 특히 신학계에 새로운 바람을 일으켰는데 바로 자유주의 신학의 탄생이었다.

자유주의 신학은 모든 권위를 인간의 이성이나 경험에 두었기 때문에 성경에 나타난 초자연적 계시와 이적 등을 거부한다. 이것은 성경의 무오성이나 하나님의 영감으로 기록된 성경의 권위를 무시하는 사상으로 발전했다. 자유주의 신학에 따르면 성경에 나타난 예수 그리스도의 동정녀 탄생, 그의 대속적 죽음과 부활, 재림 등은 1세기 기독교 공동체에서 만들어낸 허구에 불과하므로 객관적이고 역사적 사실에 근거한 기록만을 인정해야 한다고 주장했다.

이 주장에서 나타난 것이 바로 역사적 예수(Historical Jesus: 1세기 팔레스타인에서 성장하여 활동했던 예수의 꾸밈없는 실제 모습을 되찾자는 신학적인 관점)에 대한 역사 비평학적 주제이다.

자유주의 신학은 일반적으로 정통주의, 근본주의, 보수주의 신학과는 상반되는 것으로 하나님의 말씀보다는 인간의 이성이나 경험 그리고 정황(Context)에 중점을 둠으로써 신학을 인본주의 경향으로 전락시키는 오류를 범하고 말았다. 자유주의 신학은 독일의 슐라이어 막허에 의해 시작되었으며 이후 리츨, 하르낙, 벨하우젠 등이 주도적인 역할을 하며 발전되어 갔다.

그러나 1, 2차 세계 대전을 통하여 그렇게 모든 권위에 우위를 두었던 인간의 이성이나 합리적인 사고가 얼마나 야만적인가를 경험하면서 그 모순이 드러나기 시작했다. 여기에 칼 바르트, 루돌프 불트만, 에밀 브루너, 폴 틸리히 등의 신정통주의와 미국의 근본주의 신학이 등장하면서 위기를 맞게 되었다.

한편으로 이 신학적인 사상은 인간의 경험이나 이성을 특히 중시하는 해방신학과 민중신학의 출현에 적지 않은 영향을 주었다.

프린스턴 신학교에서 신약학 교수로 있다가 자유화 물결이 거세지자 반틸 교수 등과 함께 대학을 떠나 보수주의 성향의 웨스트 민스터 신학교를 설립한 메이첸(1881-1937) 교수는 그의 저서 『기독교와 자유주의』에서 자유주의 신학은 기독교가 아님을 확실하게 천명했다.

책의 제목에서 보여주듯 보수주의와 자유주의가 아니라 기독교와 자유주의라는 이름을 사용함으로써 자유주의는 기독교가 아님을 분명히 밝히고 있다.

1930년대 한국에 소개된 자유주의 신학은 미국 북장로교회의 신학적 좌경화에 영향을 받은 선교사들이 한국에 진출한 것이 가장 큰 원인으로 알려져 있다. 그 외에도 캐나다 선교부에 속한 윌리엄 스콧(William Scott), 프레이저(Frazier) 등 선교사들의 영향과 자유주의 신학에 물들어 가던 일본 거주 유학생들의 영향이 주요 원인으로 꼽히고 있다.

이들은 한참 역사학계에 지평을 넓혀가던 역사 비평학(역사적 비평주의)의 영향을 받아 성경의 절대적 권위를 부정했고 성경에는 많은 역사적, 문화적, 과학적 오류가 있다고 주장했다.

당시 자유주의 사상에 물들어 가던 한국의 신학계에서 김영주는 창세기의 모세 저작설을 부인하였으며, 김재준 교수는 당시의 평양 신학교 교수들을 향하여 "극단적인 보수주의자들", "완고한 근본주의자들"이라고 비하하는 동시에 성경의 핵심인 하나님의 영감설과 무오설을 강하게 비판했다.

그들은 한결같이 구원의 진리로써는 성경에 오류가 없으나 과학적, 역사적으로는 많은 오류가 있다고 주장했다. 이것은 2천 년 기독교 역사에 도도히 전해져 오던 정통신학에 정면으로 도전하는 성경 해석이었다. 하나님의 계시의 말씀을 인간의 경험이나 감정의 차원으로 격하시킨 것이다. 이러한 움직임은 기독교 신학을 인간 중심의 인본주의 신학으로 변질시키는 결과를 낳게 했다.

한국 자유주의 신학의 중심에 있던 두 인물은 김재준 목사와 일본에 유학한 채필근 목사였다. 채필근 목사는 일제 강점기 신사참배는 국민의 의례라는 명목으로 일제에 협력하였으며 2009년에 발표된 친일 반민족 행위자 명단 705인에 포함된 인물이기도 하다. 김재준 목사(1901-1987)는 유학자의 집안에서 출생했으나 청년기에 예수를 영접한 후 일본과 미국에서 신학을 공부한, 당시로써는 드문 지식층 신학자였다.

당시 프린스턴 신학교를 중심으로 거세진 자유주의 물결에 영향을 받은 그는 귀국 후 한국 교계의 정통신학에 반기를 든 진보주의 신학의 중심에 서게 되었다. 성경의 무오설과 영감설 그리고 성경에 기록된 이적과 기사들에 대한 그의 부정적 견해들은 신학계에 거친 파장을 일으켰고 그로 인해 보수주의 신학계와 정면으로 충돌했다.

이후 그는 목사직에서 파면당했으나 그의 신학적 입장은 확고하여 한국 교계의 자유주의 사상을 대변하는 대표적인 신학자로 서게 되었다. 그는 이후 장로교회에서 탈퇴하여 새로운 진보적 교단인 기독교 장로회를 설립했다. 현재의 한신대학교가 기독교 장로회 총회에 속한 신학교로 자유주의 신학을 대변하고 있다.

 안타깝게도 자유주의 신학의 출현으로 한국 교회는 크게 분열되었고 신학적인 혼돈에 빠져 초대교회의 참모습을 찾아보기 힘들게 되었다.

자본주의에 영향을 끼친 칼빈의 신학

17세기 초 유럽에서는 개신교 국가들이 카톨릭 국가들보다 훨씬 높은 경제력을 유지하고 있었다. 프랑스나 오스트리아 등과 같은 카톨릭 국가에서도 경제적으로 주도적인 역할을 했던 사람들은 주로 칼빈주의에 속한 개신교도들이었다.

당시 개신교가 주류를 이루고 있었던 플랑드르 지방(지금의 프랑스 북부, 네덜란드 남부, 벨기에 지역)은 프랑스의 위그노(프랑스의 개신교 신자)들이 주축이 되어 이루어 놓은 모직물 공업이 상당히 발달한 지역이었다.

독일의 경제학자요 사회학자인 막스 웨버(1864-1920)는 그의 저서『프로테스탄트 윤리와 자본주의 정신』에서 개신교 지역의 국가들이 경제적 우위를 점한 것은 칼빈의 신학, 즉 청빈과 금욕 그리고 노동을 소중히

여기는 경건한 신앙적 태도와 연관이 있다고 말했다. 결과적으로 청교도의 윤리가 근대 자본주의 탄생에 영향을 미쳤다는 것이다.

카톨릭 교회는 자본의 축적을 죄악시했지만, 초기 자본주의는 엄격한 윤리적 기반이 초석이 되었으며 이는 재물에 대한 금욕을 추구하는 칼빈 신학의 정신과 밀접하게 연관되어 있다고 그는 말했다.

미국의 벤자민 프랭클린(1706-1790, 미국의 정치와 외교 언론에 지대한 공로를 끼침) 역시 "자본주의 발전에 반드시 요구되는 심리학적 기초를 제공한 것은 바로 칼빈주의였다"라고 말했다.

청교도의 금욕주의 정신은 사치와 향락을 죄악시하고 부의 생산과 축적을 개신교의 윤리로 보았으며 이는 바로 하나님의 명령이라고 주장했다. 개신교도들은 직업에 대한 소명의식과 노동을 신성한 것으로 생각하면서 노동의 결과로 생긴 자본을 낭비나 쾌락에 쓰지 않고 재생산을 위한 투자에 사용했다. 벤자민 프랭클린은 이런 그들의 부의 축적 방식을 근대화에 지대한 영향을 미친 자본주의의 메카니즘으로 보았으며 그 배경에 칼빈주의가 있다고 생각했다.

실제로 청교도의 금욕주의 정신의 배경에는 칼빈의 예정 교리가 깔려 있다. 이 교리에 의하면 하나님의 구원은 창세 전에 이미 예정된 계획에 따라 이루어지는 것이며 이 땅에서 택한 백성들의 직업과 노동은 하나님이 주신 신성한 것이다. 이 사상은 서구 사회 철학 사상인 합리주의에도 깊은 영향을 미쳤다.

종교개혁 이전과 이후의 자본주의 발달의 변화, 현재의 카톨릭 국가(이탈리아, 스페인, 남유럽 국가들)와 개신교 국가(영국, 독일, 네덜란드, 스위스, 스칸디나비아 제국들)의 소득 격차가 나는 것도 바로 칼빈의 예정 교리에 바탕을 둔 청교도주의 윤리관 때문이라고 학자들은 말한다.

오늘날 미국의 와스프(WASP: White, Anglo-Saxon, Protestant)가 사회의 모든 영역에서 지도적인 위치에 있는 것 역시 이와 무관치 않다는 것이다.

그러나 이 모든 원리의 바탕은 바로 성경에 이미 제시되어 있음을 알 수 있다. 창세기 1장 28절을 흔히 하나님이 인간에게 명하신 문화 명령이라 부른다.

> 하나님이 그들에게 이르시되 생육하고 번성하여 땅에 충만하라 땅을 정복하라 바다의 물고기와 하늘의 새와 땅에 움직이는 모든 생물을 다스리라 하시니라(창 1:28).

이는 문명의 점진적 발전과 문화적 창달을 이루어 가라는 명령이요 자연과의 상생을 통한 발전적이며 진보적인 개선을 추구하라는 명령인 것이다. 즉 땅은 하나님의 것(레 25:23-24)이므로 인간은 땅을 위탁받은 청지기로서의 사명을 잘 감당하고 이 문화 명령을 수행해 가야 하는 것이다. 막스 웨버는 칼빈의 이와 같은 예정론이 노동의 신성함과 확신을 심어주었기 때문에 사람들이 직업의 귀천 없이 맡은 일에 충실하여 자본을 축적하고 이를 투자와 공공의 이익을 위해 사용하는 정신으로 발전할 수 있었다고 주장한다.

기독교적인 소명은 하나님이 개인에게 부여한 명령에 순종함으로써 맡은 바 직업에 최선을 다하는 것이며 이것이 그분의 부르심에 대한 합

당한 반응이라는 것이다.

역사적으로 볼 때 기독교가 전파되는 곳에는 어김없이 민주주의와 자본주의가 꽃을 피웠으며 인간의 기본권이 대부분 잘 보장되고 있음을 알 수 있다.

한편 하나님의 문화 명령을 자연의 훼손과 난개발을 통한 발전적 개념으로 보는 것은 왜곡된 가치관이다. 그 결과 오늘날 우리는 이상 기후, 끊임없이 발생하는 괴질, 해수면의 상승, 지구의 사막화, 생태계 이변 등의 고통을 겪고 있다. 공생의 파트너로 주신 자연이 인간에게 무서운 적으로 다가오고 있음은 참으로 안타까운 일이다.

하나님의 문화 명령을 잘 수행하는 것이야말로 개인이나 가정, 국가나 전 지구에 복된 미래를 약속하는 것임을 명심해야 한다. 모든 것의 해답은 다름 아닌 창조 질서의 회복에 있다.

비 신화화 운동
- 복음서는 신화인가

20세기 최고의 실존주의 신학자 가운데 한 사람인 루돌프 불트만 (1884-1976)은 신약성경 특히 복음서에는 기독교의 복음과 함께 신화적인 성격을 지닌 1세기의 세계관이 포함되어 있으므로 이 신화적인 성격의 옷을 벗겨내야만 참 복음의 실체를 찾아낼 수 있다고 주장했다. 그러면서 그는 복음서에 나타난 예수의 생애와 그의 교훈 중 많은 부분은 역사적 사실이 아니라고 주장했다.

불트만은 그의 저서 『신약성경과 신화론』에서 복음의 케리그마(전파된 복음의 내용)를 찾아내기 위해서는 복음 속에 담겨진 신화적인 내용을 제거해야 한다고 말했다. 그는 예수의 역사적 실체를 알기 위해서는 온갖 신화로 채색된 그에게서 모든 신화의 옷을 벗겨내야 한다는 소위 비신화화 운동(Demythologization)을 제기했다.

불트만의 주장에 의하면 복음서에 나타난 예수의 생애 그리고 교훈은 정확한 것이 아니요 단지 예수를 이해하기 위해 원시 기독교 공동체에서 만들어낸 종교적 작품에 불과하다는 것이다.

복음서의 저자들은 복음서가 만들어지기 전에 이미 알려져 있던 단편과 구전들을 모아 편집한 것에 불과하므로 예수에 대한 기록의 실체는 그 근거가 약하며, 따라서 역사적인 신빙성이 없다고 불트만은 주장한다. 복음서에 기록된 그의 성육신, 대속적인 죽음, 부활과 승천, 재림 등은 현대적인 과학과 이성에 반하는 신화일 뿐이라는 것이다.

그러나 불트만의 비신화화 논리는 신약성경이 쓰여진 지 벌써 2천 년이 지난 현재의 과학적 세계관과 우주관에 기초하여 출발하는 모순을 안고 있음을 인정해야 한다. 2천 년 전의 사건을 지금의 관점과 가치관으로 판단하는 오류를 범하고 있는 것이다.

그는 주장하길, 성경의 우주관은 인간이 사는 땅과 하나님이 계시는 하늘, 그리고 땅 아래의 지옥으로 된 3층 구조로 설명하고 있으나 현대인은 이 신화적 구조를 수용할 수 없다는 것이다. 따라서 이 1세기 신화적 우주관(히브리인의 사고)을 제거하지 않고는 성경의 참된 메시지(케리그마)를 찾을 수 없다고 그는 말한다.

이에 대해 많은 신학자들이 불트만의 주장, 즉 비신화화 논리에 대해 잘못된 성경관에서 출발하였고 기독교의 역사적 사실을 파괴시키는 신자유주의 운동이라고 폄하했다.

불트만의 비신화화 운동은 신앙과 진리의 기준을 개인의 주관과 실존적 결단에 둠으로써 우리를 진리의 상대주의와 회의주의에 빠지게 한다. 또한 현대 과학에 지나친 가치를 부여하므로 신화에 대한 기준을 과학적 세계관에 두는 잘못을 범하고 있다.

또한 불트만은 전적으로 타락한 인간의 모습을 간과함으로써 복음의 내용을 인간의 주관적 결단에 따라 판단하는 신보수주의적 경향을 띠고 있다.

그러나 복음서를 기록한 저자들은 예수님과 3년간을 함께하며 그분의 교훈과 사역을 직접 목격했던 증인들이었다. 누가복음을 기록한 누가는 자신이 예수에 관한 사건들을 근원부터 자세히 살펴왔다고 말한다.

> 우리 중에 이루어진 사실에 대하여 처음부터 목격자와 말씀의 일꾼된 자들이 전하여 준 그대로 내력을 저술하려고 붓을 든 사람이 많은지라 그 모든 일을 근원부터 자세히 미루어 살핀 나도 데오빌로 각하에게 차례대로 써 보내는 것이 좋은 줄 알았나니 이는 각하가 알고 있는 바를 더 확실하게 하려 함이로라(눅 1:1-4).

또한 사도 베드로와 요한은 성경이 교묘하게 만든 작품이 아니라 목격자로서 사실을 기록한 것임을 다음과 같이 증언하고 있다.

> 우리 주 예수 그리스도의 능력과 강림하심을 너희에게 알게 한 것이 교묘히 만든 이야기를 따른 것이 아니요 우리는 그의 크신 위엄을 친히 본 자라(벧후 1:16).

태초부터 있는 생명의 말씀에 관하여는 우리가 들은 바요 눈으로 본 바요 자세히 보고 우리의 손으로 만진 바라(요일 1:1).

자신의 양심을 속여가며 예수에 대한 사역과 교훈, 그리고 그때의 상황들을 어떻게 거짓으로 기록할 수 있겠는가? 예수님의 제자들은 모두 예수의 생애와 죽음과 부활 그리고 승천을 목격한 후 남은 생애를 복음을 전파하다 순교의 제물이 된 증인들이다. 실체도 없고 확증도 없는 예수를 위해 자신의 소중한 생애를 그렇게 헛되이 바칠 수 있을까?

만일 불트만의 말처럼 복음서가 신화요 근원도 모르는 구전에 의한 것이라면 이와 같은 역사적 가치도 없는 허약한 바탕 위에 세워진 기독교가 2천 년간 존속되며 현대 문명의 기초가 될 수 있었을까?

불트만의 비신화화 운동은 이미 유럽에서 시작된 자유주의 신학의 영향을 받은 또 하나의 반항적 발상일 뿐이다. 오늘날 적지 않은 목회자들과 신학자들 가운데 이 사상에 묵시적으로 동의하는 이들이 많다는 것은 참으로 개탄스러운 일이다. 단지 성도들 앞에서는 공개적인 설교를 하지 않고 있지만 그들의 신앙적 배경에는 이처럼 좌경화된 신학 사상이 깊이 깔려 있다.

오늘날 우리는 총체적인 신앙적, 신학적 위기 속에서 살아가고 있다.

2천 년간 면면이 전해오는 기독교의 정통 교리가 훼손되고 위협을 받고 있으며, 타락한 인간의 이성이 성경의 권위를 부정하며 피조물이 창조주에게 도전하는 왜곡된 시대에 살고 있다. 이러한 시대에 우리의 순수한 믿음을 지켜가는 것이 얼마나 어려운지 깨닫게 된다.

영적 대각성 운동(The Great Awakening)

사무엘상 7:5-6에는 선지자 사무엘이 미스바 성회를 열고 영적으로 침체되어 있던 이스라엘 백성을 금식과 회개 운동으로 각성시키는 사건을 기록하고 있다. 이는 변질되어 가는 이스라엘 백성들과 하나님 사이의 언약 관계를 회복시키는 영적 부흥 운동이었다. 남 유다 왕국의 히스기야와 요시아 왕 시대의 개혁 운동, 바벨론 포로기에 일어났던 에스라와 느헤미야의 신앙 개혁 운동 또한 이러한 영적 개혁 운동의 일환이었다. 신앙적 재무장을 통해 하나님과의 관계를 새롭게 설정하려 했던 영적 갱신 운동이었던 것이다.

1700년대 미국은 영적으로나 도덕적으로 침체에 빠져 있었다. 당시 많은 사람들이 술, 마약, 도박 등 반도덕적이고 퇴폐적인 삶에 빠지는 등 미국은 한마디로 영적인 공황상태였다.

미국을 세운 경건한 청교도들의 세대가 지나가고 유럽에서 일어난 계몽주의와 이성에 가치를 둔 자유주의 물결, 합리주의 사상으로 인해 신앙적 열정과 순수성은 식어지고 많은 사람들이 교회를 떠나던 그때, 세 차례에 걸쳐 영적 부흥 운동이 크게 일어났다. 조나단 에드워드, 조지 휫필드, 찰스 피니 등 탁월한 설교가와 전도자들에 의해 새로운 각성이 일어난 것이다. 그것을 계기로 교회를 떠났던 사람들이 다시 돌아오고 삶에 새로운 반향을 불러일으킴으로써 미국이 세계 선교의 주역으로 나서게 되었다. 이 운동을 영적 대각성 운동이라 부른다.

미국의 동부 13개 주를 중심으로 일어났던 영적 대각성 운동은 교회에 새로운 영적 에너지와 방향을 제공하는 모멘텀이 되었다.

뉴저지에 있는 네덜란드 개혁교회를 시작으로 뉴잉글랜드 전역으로 확산된 이 운동은 회개의 외적 증거와 내적인 은총, 성경 연구와 전도에 주력하는 운동으로 퍼져 나갔다.

미국은 초기 청교도들의 뜨겁고 경건한 신앙을 배경으로 세워진 나라였다. 초창기 영국의 복음주의 운동과 함께 새로운 바람을 불러일으켰으나 세월이 갈수록 경제적인 발전과 산업 구조의 급격한 변화로 개인들의 부가 확대되면서 1세대 청교도들의 순수했던 신앙적 기초가 서서히 빛을 잃기 시작했다.

정치적, 사회적 혼란과 함께 찾아온 신앙적 침체는 한편으로 신앙 갱신과 영적 부흥에 대한 갈망으로 이어지는 계기가 되었다.

부흥의 열기는 회개, 헌신, 평신도의 영적 활동이 강조되며 미국 전역으로 확산되었다. 특히 조나단 에드워드(1703-1758)가 주도하는 전도 집회는 많은 성도들에게 회개와 감동을 불러일으켰고 교회의 새로운 영적 분위기를 형성하는 데 크게 영향을 미쳤다.

미국의 영적 대각성 운동의 대표적인 설교자 조나단 에드워드, 그의 설교는 많은 사람들에게 감동을 주었고 당시 침체되어 있던 교회들의 부흥과 성장을 이끄는 데 큰 역할을 했다. 그러나 빛과 함께 그림자도 따라왔다.

칼빈주의 전통에 기초한 청교도와, 부흥 운동의 특성을 가진 뉴잉글랜드 출신 사이에 부흥에 대한 이견이 노출되면서 결국 분열로 이어지는 결과를 낳게 된 것이다.

한편 영적 대각성 운동이 개인의 신앙적 체험을 강조하다 보니 성직자의 권위가 약화되고 교회의 성장과 성숙에 대한 토론이 공론화되면서 개인의 의견을 자유롭게 발표할 수 있는 풍토가 마련되었다. 이러한 환경은 장차 민주화의 토대가 세워지는 데 중요한 역할을 하기도 했다. 뿐만 아니라 이 운동으로 모국인 영국의 국교회(성공회)와의 종속적인 관계가 힘을 잃게 되었으며 이는 바로 독립에 대한 열기와 기대로 이어졌다.

대각성 운동의 가장 중요한 결실은 교회의 중심 세력인 청교도주의와 복음주의가 사회의 각 계층에 도전하는 의식을 제공했다는 점이다. 이는 결국 13개의 식민주가 독립을 결의하는 데 중요한 계기가 되었으며 더 나아가 미국의 독립운동에 깊은 영향을 미치게 되었다.

이 운동의 가장 중요한 인물은 단연 조나단 에드워드(Jonathan Edwards, 1703-1758)일 것이다. 그는 실로 미국의 교회사에 큰 획을 그은 전도자요 신학자였다. 조나단 에드워드는 회중 교회 목사 이후에 프린스턴대학의 총장을 역임하기도 했다.

그 외에도 영국 국교회 출신이며 옥스퍼드 신성 클럽의 회원이었던 휫 필드(George Whitefield, 1714-1770)는 미국을 일곱 차례에 걸쳐 순회 전도 여행을 하며 미국인들의 마음속에 깊은 감명을 불러일으켰다. 2차 각성 운동을 주도했던 찰스 피니(Charles Finney, 1792-1875) 역시 장로교회 목사로 뉴욕의 맨하탄을 중심으로 크게 활동했으며 당시로써는 민감한 문제였던 노예제 폐지, 여성과 흑인들을 위한 사회 개혁을 주장했다.

미국의 영적 대각성 운동은 세상으로부터 온갖 비난과 돌팔매질을 당하고 있는, 총체적인 혼란에 빠진 오늘날의 한국 교회가 새겨야 할 영적 각성 운동이다.

종교적 갈등과 역사적 낙관론

 종교 간의 갈등과 충돌을 어떻게 치유할 것인가 하는 문제는 인류가 살아오는 동안 끊임없이 제기해 온 난제 중의 하나이다.

 중세의 거의 160여 년(1096-1254) 동안 전 유럽을 참화로 이끌었던 십자군 전쟁이나 종교개혁 이후 신·구교간의 갈등으로 야기된 30년 전쟁, 프랑스의 위그노 전쟁, 네덜란드의 독립 전쟁, 이슬람 제국의 정복 과정에서 일어난 수많은 전쟁들, 인도와 파키스탄 간의 힌두교와 이슬람의 충돌, 지금도 아프리카에서 일어나는 부족들 간의 살육전 등 모든 분쟁의 저변에는 종교라는 핵심적인 요소가 도사리고 있다.

 역사에서 카톨릭과 개신교 국가 간에 있었던 30년 전쟁(1618-1648)은 약 800만 명의 사망자를 발생시켰다. 사랑과 평화를 추구하는 종교가 이처럼 엄청난 살인극을 연출하다니 참으로 아이러니한 일이다.

오늘날 지구상에 과연 종교로부터 안전한 청정 지역이 있을까?
『문명의 충돌』이란 저서로 유명해진 미국의 정치학자인 새뮤얼 헌팅턴 하버드대 교수는 앞으로 세계는 자본주의와 공산주의 간의 갈등에서 출발한 이념 분쟁에서 종교가 깊이 개입된 문명 간의 갈등으로 바뀔 것이라고 주장했다.

그는 저서에서 문명이란 민족, 언어, 종교 등을 말하며 그 핵심은 종교라고 지적하면서 세계를 8개의 문명 권역으로 분류했다.

1. 기독교권인 서구 문명
2. 동유럽을 중심으로 한 그리스 정교회 문명
3. 중동의 이슬람 문명
4. 라틴 아메리카 문명
5. 유교와 불교권인 중화 문명
6. 일본 문명
7. 인도 중심의 힌두 문명
8. 비 이슬람권인 아프리카 문명권

그의 주장에 의하면 이 문명권 배후에는 어김없이 종교라는 강력한 세력이 뒷받침하고 있다. 자본주의와의 대결에서 이미 패배한 공산주의는 이제 역사의 퇴물로 그 존재감을 잃어버렸다. 그렇다면 공산주의와의 경쟁에서 승리한 자본주의가 과연 앞으로 세상을 더 풍요하고 편리하고 안전하게 살아가도록 보장할 수 있을까?

그러나 자본주의가 꿈꾸는 문명의 발전과 미래에 대한 낙관적 견해는 인류가 미처 예상치 못한 난제들로 말미암아 심한 진통을 겪고 있는 중이다.

헌팅턴 교수는 앞으로 기독교 문명권인 서구 세력에 도전하는 위협적인 세력으로 이슬람과 중국을 들면서 서구의 우월주의와 자신감, 이슬람의 배타적인 편협함, 그리고 중화(중국)의 자존심으로 인하여 문명 간에 큰 충돌이 있을 것을 예견하고 있다.

국제 정치는 힘의 공백을 교묘하게 이용한다. 미국이 떠난 자리에는 어김없이 중국이나 이슬람권이 자리 잡는 것을 보아도 그렇게 되리라는 예감이 든다. 여기에서도 종교는 심층에 자리 잡고 있다.

특히 종교 문제는 순교자적 정신으로 투쟁하기 때문에 사회의 그 어떤 문제보다 갈등의 해결에 실마리를 찾기가 매우 힘들다.

현재에도 미국을 중심으로 한 서구 사회와 이슬람 세계인 중동, 특히 이란과의 분쟁은 묘수가 없는 난제로 남아 있다. 장차 3차 대전의 단초를 제공할 수 있다는 말까지 나올 지경이다.

종교는 인간의 이성이나 합리적인 판단보다는 종교적 가치에 우위를 두고 있기 때문에 타협할 여지가 없는 난해한 문제이다.

많은 미래 학자들이나 역사학자들은 앞으로 세계는 문명의 발달, 첨단 과학의 끊임없는 진보, 인간 이성의 성숙함 등으로 더욱 긍정적이고 편리한 방향으로 나아갈 것이라고 말한다. 그러나 그러한 낙관론과 달리 지금 세계 각처에서 일어나는 사태는 오히려 정반대인 비관적이고 절망적인 쪽으로 진행되고 있다.

지금도 중동 지역에서 일어나는 자살 폭탄 테러는 특정 지역을 벗어나 유럽의 심장부에서까지 일어나고 있다. 테러로부터 안전지대는 이제 지구상 어디에도 없다.

최근까지 발생한 IS(이슬람 극단주의 단체)의 폭력, 살인과 같은 인간성 말살 행위나 인류 문명의 유산까지 파괴하는 거침없는 악행이 어디까지 갈 것인지 알 수 없다.

종교적 갈등이 원인이 되어 발생하는 문제들 앞에 역사적 낙관론을 주장하던 사람들의 기대가 여지없이 무너져 내리고 있음은 어쩌면 당연한 수순일지도 모른다.

18세기 후반에 프랑스를 중심으로 일어나 전 유럽을 풍미했던 계몽주의가 그렇게 존중했던 인간의 이성은 그 후 일어난 양차 세계 대전으로 말미암아 실망을 안겨주었다. 인간의 이성이 얼마나 타락할 수 있는지를 여실히 보여주었을 뿐이다.

이제 더 이상 인간의 이성이 주도해 가는 미래에 대한 낙관론은 역사에 개입될 여지가 없음이 입증되어 가고 있다.

2천 년간 기독교 문명의 바탕에서 성장해온 서구 사회는 이제 이슬람의 무서운 확장세에 전통적 가치를 잃어버리고 신음하고 있다. 8-9세기의 이슬람의 제국 건설 과정에서 기독교의 성지였던 소아시아, 동유럽 그리고 북아프리카 지역이 이슬람화되었던 쓰라린 역사의 전철을 밟지 않을까 심히 염려된다.

20세기 후반에 나타나고 있는 이와 같은 불확실성의 구도가 언제까지 진행될지 알 수 없는 노릇이다.

불확실성이란 말 속에 이미 비관적인 씨앗이 자라고 있음을 우리는 알고 있다.

기독교의 역사적 관점은 종말론을 향하여 나아가는 일직선상의 역사관이다. 따라서 종말을 향하여 나아가는 진행 방향에 어떤 사태가 벌어질지 예상하기란 그리 어렵지 않다. 혼란과 가치관의 변화, 인간에 대하여 적대적으로 다가오는 자연의 도전, 기후 변화, 지구의 사막화 현상, 원인도 알 수 없는 질병의 확산, 인간성의 파괴 현상 등등 헤아릴 수 없을 만큼 많은 문제들 앞에 인간의 무력함이 드러나고 있지 않은가?

눈에 보이지도 않고 생명체도 아닌 코로나 바이러스가 지구를 강타한 지 2년이 지나면서 모든 인류는 지금까지의 삶의 방식에 일대 변화와 충격을 경험하고 있다.

이 모든 것은 이미 성경에서 말하고 있는 내용이며 인간의 타락과 하나님이 창조하신 질서의 파괴가 그 원인일 수밖에 없다.

인간은 어쩌면 탈선이 분명한 낙관론적 비관을 향해 질주하는 열차에 몸을 싣고 달려가고 있는 운명일지도 모른다.

구속사란 무엇인가

성경을 처음 읽는 사람들의 한결같은 반응은 성경이 마치 이스라엘의 역사처럼 느껴진다는 것이다. 사실 구약성경을 대할 때 이스라엘의 고대사를 읽는 듯한 착각을 불러일으킨다. 물론 성경에는 고대 이스라엘의 역사가 상당 부분 포함되어 있는 것이 사실이다.

그러나 성경은 단지 연대기적으로 사건이나 사실을 배열하여 기술한 세속사(Secular History)가 아니라 타락한 인간의 구원을 위한 하나님의 손길을 섬세하게 서술한 역사적 기록이다. 즉 목적론적 원리에 의하여 기록된 감동 넘치는 책이다.

성경은 하나님의 영원하신 계획과 섭리에 따라 예수 그리스도의 십자가 사건과 부활을 중심으로 인간을 구원해 가시는 전 과정을 서술하고 있다.

　구속사는 세속사와 일치하지는 않으나 세속사와 긴밀히 연결되어 있는 것 또한 사실이다. 그러므로 성경을 역사서라고 말할 수는 없어도 그 내용과 과정은 역사적이다. 하나님은 인간의 역사 속에서 일하시기 때문이며 또한 그 역사 속에서 끊임없이 자신을 계시하고 있기 때문이다.

　따라서 성경 안에는 세속의 역사와는 달리 역사 속에서 일어났던 많은 사건과 내용들을 생략한 채 인류에 대한 하나님의 구속사적 관심을 예수 그리스도를 중심으로 엮어나가고 있다. 즉 구원에 관한 내용들만 선택적으로 기록하고 있다. 이것이 바로 구속사(History Of Redemption)와 세속사의 특징이요 차이점이다.

　아브라함에게는 이삭 외에도 성경에 기록된 아들이 7명(이스마엘과 그두라에게서 난 여섯 아들)이 있다. 그러나 이삭 외의 아들에 관한 기록은 거의 침묵하고 있다. 단지 이스마엘에 대해서만 약간의 언급이 있을 뿐이다. 아담도 900여 년의 생애 동안 많은 자녀들이 있었을 것으로 추측되지만 아벨이 죽은 후에 그를 대신한 셋의 계열만 기록하고 있음은 바로 이것을 뒷받침해 준다.

　성경은 아담과 하와의 타락으로 말미암아 에덴동산에서 축출(실낙원)된 인간을 하나님의 선하신 섭리와 구원 계획에 따라 회복(복낙원)시켜가는 과정을 구체적으로 기록하고 있다. 즉 타락한 인간을 그리스도의 죽으심과 부활을 통해 자기 백성으로 구원해 가시는 하나님의 손길이 확실하고 분명하게 드러나고 있다.

　그러므로 구속사의 중요 주제는 하나님의 형상대로 창조된 인간(창

1:26-28)과 불순종으로 인한 타락(창 3:6), 그리고 십자가 사건을 통한 구속(요 3:16)의 전 과정이 긴박하게 연결되어 가고 있다.

하나님이 자기의 형상 곧 하나님의 형상대로 사람을 창조하시되 남자와 여자를 창조하시고…(창 1:27).

여자가 그 나무를 본즉 먹음직도 하고 보암직도 하고 지혜롭게 할 만큼 탐스럽기도 한 나무인지라 여자가 그 열매를 따 먹고 자기와 함께 있는 남편에게도 주매 그도 먹은지라 (창 3:6).

하나님이 세상을 이처럼 사랑하사 독생자를 주셨으니 이는 그를 믿는 자마다 멸망하지 않고 영생을 얻게 하려 하심이라(요 3:16).

그런데 이 세 주제, 즉 창조와 타락 그리고 구원을 연결시키는 중요한 고리는 바로 하나님의 언약과 그 성취이다.
성경에 나타난 언약에 대한 최초의 계시는 바로 '여자의 후손'에 대한 것이다. 여기에는 범죄하여 타락한 인간을 구원하시고자 하는 하나님의 계획이 분명하게 제시되어 있다.

내가 너로 여자와 원수가 되게 하고 네 후손도 여자의 후손과 원수가 되게 하리니 여자의 후손은 네 머리를 상하게 할 것이요 너는 그의 발꿈치를 상하게 할 것이니라(창 3:15).

이를 성경에 나타난 최초의 복음 즉 원시복음(Protoevangelium)이라 부른다. 그런데 이 구속의 사건은 하나님께서 창세 전에 이미 계획하신 언약에 근거하고 있다는 것이다.

> 창세 전에 그리스도 안에서 우리를 택하사 우리로 사랑 안에서 그 앞에 거룩하고 흠이 없게 하시려고 그 기쁘신 뜻대로 우리를 예정하사 예수 그리스도로 말미암아 자기의 아들들이 되게 하셨으니…(엡 1:4-5).

따라서 언약(Covenant)은 구속사를 이해하는 데 중요한 역할을 한다. 여기에서 언약이란 언약 당사자 간에 이루어지는 쌍방의 합의나 약속이 아니라 하나님의 일방적이고 주권적인 일종의 편무계약을 의미하고 있다. 하나님은 창조주요 인간은 그의 피조물이기 때문이다. 그러므로 하나님은 구속의 완성을 위해 그가 계획하신 선하신 뜻과 계획이 성취되기까지 주권적으로 개입하고 역사하신다. 따라서 언약의 파기는 당사자의 의지와는 관계없이 하나님의 저주 아래 놓이게 되는 것이다. 이 모든 것이 구속사의 내용이며 관점이다.

구속 사역은 하나님의 섭리와 경륜 가운데 진행되고 있는 모든 사역 중에서 가장 돋보이는 중요한 사역이다. 창세기에서 시작된 성경은 요한계시록에 이르기까지, 인간을 구원해 가시는 구체적이고 섬세한 계획이 한치의 오차도 없이 역동적으로 전개되어 가고 있음을 알게 해준다. 성경에 나타난 구속사의 전 과정은 극적인 진전과 반전이 언약이란 고리를 통해 연결되어 가는 스릴 넘치는 장편 드라마와도 같다.

세속사는 일반은총의 영역 속에서 펼쳐지는 인간의 역사이나 구속사는 하나님의 특별은총 안에서 진행되어 가는 역사이다. 또한 특별은총은 모든 인류에게 차등 없이 베풀어지는 것이 아니라 하나님의 영원하신 계획과 섭리 속에서 택한 자들에게만 선택적으로 적용되며 이를 통하여 구원의 역사가 발전해 가고 있다.

그러나 이 구속사도 인간의 역사 속에서 동시에 진행되어감으로써 세속사의 영역에 포괄적으로 포함되어 있다.

세속사는 구속사의 완성을 위해 보조적이며 조연적 역할을 하지만 양자의 관계는 항상 긴장과 갈등의 관계 속에서도 상호 보완적으로 작용하고 있음을 알 수 있다.

구속사의 과정에서 나타나는 초자연적 사건, 인간의 이성이나 경험을 뛰어넘는 상황 전개는 세속사와 타협할 수 없는 충돌을 야기시키지만 이 모든 것 역시 "다양한 인간성의 거대한 경험"(Marc Bloch, 1886-1944 프랑스 역사가)이란 면에서 볼 때 독일의 역사 비평학자인 랑케(Leopold Von Ranke)의 "역사란 결국 객관적 사실이다"라는 말과는 끝없는 갈등 관계를 지속할 수밖에 없는 것이다.

구속사의 주제가 인간의 구원에만 한정된다면 성경 전체가 구원에 대한 것만 기록되어야 할 것이나 사실은 그렇지 않다. 구원이란 인간의 타락이 전제되어야만 하고 그 타락은 또한 인간의 창조가 선행되어야 한다. 그러므로 구속사의 전 배경은 인간의 창조, 타락, 그리고 구원이란 도면으로 그려질 수밖에 없다.

구속사는 인간 삶의 전 영역이 포함되어 있기 때문에 성경은 바로 인간사이며 그 인간의 흥망성쇠가 함축되어 있다고 볼 수 있다.

구속사의 최종 목표는 하나님 나라의 완성에 있다. 그런데 그 나라는 단번에 이루어지는 것이 아니라 점진적인 단계를 거쳐 완성으로 나아간다. 세속의 나라가 고대의 씨족사회로부터 시작하여 끊임없는 발전과 성장 과정을 거치며 마침내 근대국가로 완성되어 가는 것과 같은 것이다. 구속사의 최종 목표가 하나님 나라의 완성에 있다면 그 나라는 이 땅에 세워진 최초의 하나님 나라의 모형인 에덴동산으로부터 시작하여 수많은 변천 과정을 통해 마침내 새 하늘과 새 땅에서 이루어질 것이다. 그 발전 과정 속에서 하나님은 자신을 끊임없이 계시하시는 동시에 인간과의 인격적이고 생명적 관계를 유지하신다.

구속(救援)은 인간의 최대 관심사 중의 하나이다. 만일 구원의 사건이 없다면 기독교의 존립은 무너지고 말 것이다. 그러므로 교의 신학(조직 신학)에서 구원론이 차지하는 영역은 지대할 수밖에 없다.

성경에는 많은 구속사적인 사건을 다루고 있다. 대표적인 것이 출애굽 사건이다.

출애굽 사건은 야곱의 일가가 기근을 피하여 애굽으로 내려간 BC 19세기경(BC 1876)부터 모세가 민족 공동체로 성장한 이스라엘을 애굽에서 이끌고 나오던 BC 약 15세기경(BC 1446)까지 약 430년간의 역사적 기록이다.

또 하나의 구속의 사건은 바벨론에 의하여 남 유다 왕국이 멸망한 BC 586년부터 70년간의 포로 생활을 마치고 페르시아 고레스 왕으로부터 해방을 얻어 고국으로 귀환한 사건이다. 이 두 사건의 배경에서 우리는 하나님이 구체적으로 역사하시는 손길을 분명하게 볼 수 있다.

게다가 이 두 사건은 성경에서만 기록된 사건이 아니다. 세계사에서도 중요하게 다루어지는 부분이다. 동시에 이 두 사건 모두 구속사와 세속사의 갈등을 야기시키는 대표적인 사건이다. 왜냐하면 세속사는 세상의 나라를 하나님의 통치 영역 속에 포함시키지 않기 때문이다. 이런 의미에서 세속의 역사 즉 세계사는 한편으론 비성경적이며 반 기독교인 정서를 띨 수밖에 없다.

그러나 구속사를 이해하기 위해서는 세속사의 발전 과정을 눈여겨보아야 한다. 그 속에서 하나님의 통치 방법, 또한 그의 영원하신 계획을 구체적으로 바라볼 수 있기 때문이다.

성경은 타락한 인간을 예수 그리스도를 통한 구원에 초점을 맞추고 있다. 이 구속에 대한 전 과정을 그리스도 이전과 이후로 나누어 다루고 있다. 구약은 장차 그리스도의 오심을 바라보는 예표적 사건으로 다루고 있으며 신약은 이 땅에 오신 그리스도의 생애, 행적과 교훈, 죽음과 부활 그리고 역사의 종말에 이루어질 새 하늘과 새 땅에 대하여 기록하고 있다. 그러므로 구속사는 인간에 대한 하나님의 역사이며 그 중심에는 항상 예수 그리스도가 존재한다.

계시

　신학은 하나님에 대한 학문이다. 즉 하나님을 연구하는 학문이요 이는 또한 하나님을 이해하려는 시도이다. 그래서 판넨베르그는 신학을 "신에 대한 인간의 인식론적 노력"이라고 정의했다.
　하나님이 누구이며 어떤 분인지를 바로 아는 것은 믿음의 첫 단계이며 신앙생활에 결정적인 영향을 미치는 요인이다. 그런데 하나님은 초월적 대상이므로 유한한 인간이 무한의 초월자를 감지하거나 포착할 수는 없다. 하나님은 눈으로 보이지 않으며 어떤 감각으로도 경험할 수 없고 인간의 이성과 학문적으로도 접근할 수 없는 불가해한 영역에 속한 분이다. 이는 마치 하루살이나 미생물이 인간을 이해할 수 없는 것과도 같다. 그래서 성경은 다음과 같이 기록하고 있다.

네가 하나님의 오묘함을 어찌 능히 측량하며 전능자를 어찌 능히 완전히 알겠느냐 (욥 11:7).

그렇다면 인간은 결코 하나님을 알 수 없다는 말인가?

그렇지 않다. 하나님을 알 수 있는 유일한 방법은 그분이 인간에게 자신을 친히 보여주실 때이다. 그때에야 인간은 비로소 하나님을 알고 깨닫게 된다. 이처럼 하나님이 자신을 드러내어 알려주시는 것을 '계시'라 한다. 만일 하나님이 자신을 계시하지 않으셨다면 인간은 결코 하나님을 알 수 없었고 따라서 종교도 없었을 것이다. 그러므로 하나님을 알기 위해서는 계시에 의존할 수밖에 없다. 따라서 신학의 원리는 계시이며 기독교는 계시의 종교이다.

> 아버지 외에는 아들을 아는 자가 없고 아들과 또 아들의 소원대로 계시를 받는 자 외에는 아버지(하나님)를 아는 자가 없느니라 (마 11:27, 눅 10:22).

> 우리 주 예수 그리스도의 하나님, 영광의 아버지께서 계시의 영을 너희에게 주사 하나님을 알게 하시고 (엡 1:17).

그러면 하나님께서는 어떠한 방법으로 자신을 계시하실까? 여기에는 자연을 통하여 자신을 알리시는 자연계시(일반계시)와 초자연 계시를 통한 특별계시가 있다.

하나님은 자연을 통하여 자신을 계시하신다. 즉 자연 속에 나타난 일반적이고 보편적인 진리를 통하여 인간은 하나님의 존재를 깨닫게 되는 것이다. 정확한 자연의 질서와 운행, 우주의 신비한 현상, 인간의 역사 등과 같이 말씀이 아닌 현상으로 나타나는 계시로써 이를 통하여 그 배후에서 모든 것을 조정하고 통치하는 전능자의 실재를 추측케 한다.

창세로부터 그의 보이지 아니하는 것들 곧 그의 영원하신 능력과 신성이 그가 만드신 만물에 분명히 보여 알려졌나니 그러므로 그들이 핑계하지 못할지니라(롬 1:20).

하늘이 하나님의 영광을 선포하고 궁창이 그의 손으로 하신 일을 나타내는도다(시 19:1).

자연을 통해서 하나님(전능자)의 존재를 암시하는 내용들이다.
그러나 자연 속에 나타난 일반계시만으로는 그 계시자가 정확히 누구인지, 그 계시의 내용이 인간의 구원과는 어떤 관계가 있는지 충분히 알 수 없다.
따라서 계시자와 인간 구원의 연관성을 분명하게 이해하기 위해서는 초자연적 계시가 필요하며 이를 특별계시라 부른다.
이 특별계시를 통해서 인간은 구원 사역에 구체적으로 그리고 직접으로 역사하시는 하나님의 존재를 비로소 알게 된다. 여기에는 꿈이나 환상, 이적과 기사, 인간과의 대화, 신현(구약성경에 신의 모습으로 나타나는 인간) 등이 있다.

아브라함이나 모세, 솔로몬이나 사무엘과 같은 선지자들은 꿈이나 환상을 통하여 하나님을 직접 만나기도 하며 또한 그의 음성을 듣기도 했다(창 12:1-3, 출 3:14 이하, 왕상 3:5, 삼상 3:4).

기브온에서 밤에 여호와께서 솔로몬의 꿈에 나타나시니라…(왕상 3:5).

이후에 여호와의 말씀이 환상 중에 아브라함에게 임하여 이르시되…(창 15:1).

또한 성경에 기록된 수많은 이적과 기사는 그 배후에 전능하신 하나님의 존재를 분명하게 드러내고 있다. 출애굽 당시에 나타난 많은 기적들을 통해 하나님은 자신을 보여주셨다.

내가 내 손을 애굽 위에 펴서 이스라엘 자손을 그 땅에서 인도하여 낼 때에야 애굽 사람이 나를 여호와인 줄 알리라(출 7:5).

또한 성경(특히 구약)에는 인간의 모양으로 나타난 하나님의 사자에 대한 기록들이 여러 군데 있다.
소돔과 고모라를 멸망시키기 위해 롯에게 나타났던 두 천사(창 19:1), 삼손의 부모에게 나타났던 여호와의 사자(삿 13장), 다니엘의 세 친구와 함께 풀무불 속에 함께 있었던 신의 아들과 같았던 인물(단 3:25) 등이 바로 그 예이다.

그러나 이 모든 계시의 내용들은 하나님의 실체를 보여주는 것이 아니기 때문에 계시는 본질상 불완전성을 내포할 수밖에 없다. 만일 그 하나님을 인간의 눈으로 직접 보고 만질 수 있고 사귈 수 있다면 그것은 완전한 계시가 될 것이다.

이와 같은 완전하고 분명한 사건이 역사상 딱 한 번 일어났으니 바로 예수님이 이 땅에 오신 그리스도의 성육신 사건이다. 예수님과 하나님은 일체이심으로 예수님을 본 자는 곧 하나님을 본 것과 마찬가지이다.

> 빌립이 이르되 주여 아버지(하나님)를 우리에게 보여주옵소서 그리하면 족하겠나이다. 예수께서 이르시되 빌립아 내가 이렇게 오래 너희와 함께 있으되 네가 나를 알지 못하느냐 나를 본 자는 아버지를 보았거늘 어찌하여 아버지를 보이라 하느냐(요 14:8-9).

> 나와 아버지는 하나이니라(요 10:30).

그러므로 하나님이신 예수님이 이 세상에 오신 것은 계시의 완성을 의미한다.

이는 마치 인간이 하루살이나 미생물이 되어 그들 속에 들어갈 때 비로소 그들이 인간이 무엇이며 누구인지를 알게 되는 것과 같다. 예수님이 세상에 오심으로 사람들은 하나님을 보고, 만지고, 대화하고 사귈 수 있었다.

이제 더 이상의 계시는 인간에게 필요 없게 되었다. 예수님의 생애와 사역, 교훈과 행적을 생생하게 기록한 성경을 우리는 특별계시라 부른다. 하나님과 일체가 되시는 예수님이 이 세상에 오셨기 때문에 이제 더 이상 그분에 대한 지식이나 궁금증을 가질 필요가 없게 된 것이다.

역사상 나타났던 수많은 이단의 교주들이 한결같이 자신이 하나님의 계시를 받았다고 주장하고 있으나 이는 허구요 사기 행각에 불과하다. 인간에게 더 이상 무슨 계시가 필요하단 말인가?

오늘날 우리는 계시가 완성된 시대를 살아가고 있다. 더 이상의 계시는 필요 없으며 기대할 가치도 없다. 그래서 예수님은 계시의 완성을 직접 목격했던 세례 요한이 역사상 그 어떤 선지자들보다 위대하다고 하지 않았던가?

> 내가 진실로 너희에게 말하노니 여자가 낳은 자 중에 세례 요한보다 큰 이가 일어남이 없도다(마 11:11, 눅 7:28).

구약의 많은 선지자들은 오실 예수님을 예언하고 고대했으나 마지막 선지자였던 세례 요한은 그 예수님을 친히 목격하고 소개한 유일한 선지자였다.

예수님 이전(구약)의 모든 사건은 장차 오실 예수님에 대한 예표요 그림자. 그 예표와 그림자였던 예수가 이 땅에 오신 것은 바로 구약의 완성이요, 계시의 완성인 것이다. 이처럼 계시의 내용인 성경은 예수 그리스도에게 모든 초점이 맞추어져 있다.

율법은 장차 올 좋은 일(그리스도)의 그림자일 뿐이요 참 형상이 아니므로…(히 10:1).

전에 있던 계명은 연약하고 무익하므로 폐하고 (율법은 아무것도 온전하게 못할지라) 이에 더 좋은 소망이 생기니 이것으로 우리가 하나님께 가까이 가느니라(히 7:18-19).

성경에는 정말로 오류가 없을까?

"성경이란 무엇인가?"라는 질문에 대부분의 사람들은 하나님의 말씀이라고 서슴없이 대답한다. 단답형으로는 분명하고 정확한 답변이다. 그런데 그 답변 속에는 전능하신 하나님이 하신 말씀이므로 오류가 있을 수 없음을 전제하고 있다.

이와 같이 성경에 대한 전통적인 견해는 오류가 없으며 삶과 생활에 기준이 되는 정확무오한 하나님의 말씀이라는 것이다. 그러나 이 해석에 대해 점차 다양한 견해들이 나타나기 시작했다.

17세기 후반에 프랑스에서 시작된 계몽주의와 이어서 나타난 역사 비평주의 그리고 이 모든 것에 바탕을 둔 자유주의 신학의 출현은 성경에 대한 고전적인 개념에 새로운 해석을 가하기 시작했다. 약 2천 년 전에 기록된 신약의 복음서에는 유대인들의 세계관과 우주관 그리고 초기 기독교 공동체에서 만들어진 수많은 구전들과 가치관들이 투영되어 있기 때문에 역사적 실체를 파악하기 위해 성경의 권위와는 관계없이 객관적이고 과학적인 접근이 필요하다는 주장이 나오기 시작한 것이다.

따라서 이 모든 사실을 수용할 때 과연 성경의 무오설을 어떻게 받아들일 것인가 하는 문제가 제기될 수밖에 없다.

이 난제를 풀기 위해 우리는 먼저 오늘날 우리가 가지고 있는 성경의 형성 과정을 간단히 살펴볼 필요가 있다. 이를 위해서 먼저 우리는 성경의 원본과 사본 그리고 역본에 대한 이해가 필요하다.

성경에서 가장 중요한 원본은 하나님께서 직접 인간에게 계시하신 내용을 기록한 책이다.

그러나 불행하게도 그 원본은 지구상에 존재하지 않는다. 고대 사회에서 그 책을 보관하고 전수할 고도의 기술이 있었을 리 없기 때문이다. 따라서 오늘날 우리가 가지고 있는 성경은 원본에서 나온 것이 아니라 그 원본을 베낀 여러 사본으로부터 얻어진 것이다. 그 사본 역시 원본을 최초로 베낀 사본이 아니라 몇 차례에 걸쳐 많은 사람들에 의하여 베껴진 사본을 보고 거기에서 얻어진 가장 권위가 있다고 생각하는 사본들을 취합하고 정리하여 만들어진 책이다.

우리는 어려서부터 성경은 마치 완성된 한 권의 책을 하나님께로부터 받아 인간에게 전달된 것으로 착각할 때가 있었다.

그러나 성경은 하나님께서 인간에게 마치 팩스(Fax)를 보내거나 인간이 다운로드해서 받은 것이 아니라는 사실을 염두에 두어야 한다. 성경은 하나님의 계시가 영감을 받은 인간에 의해 쓰여진 것이므로 원본의 경우에는 어떤 오류도 개입될 여지가 없다고 보아야 한다. 이를 우리는 유기적 영감설이라 부른다. 그래서 성경은 다음과 같이 말씀하고 있다.

모든 성경은 하나님의 감동으로 된 것으로 교훈과 책망과 바르게 함과 의로 교육하기에 유익하니(딤후 3:16).

예언(성경)은 언제든지 사람의 뜻으로 낸 것이 아니요 오직 성령의 감동하심을 받은 사람들이 하나님께 받아 말한 것임이라(벧후 1:21).

만일 원본에 오류가 있었다면 그것을 계시하신 하나님은 절대자요 전능자가 아닐 것이다. 그러나 현재 우리가 가지고 있는 성경은 원본이 아니라는 사실에 주목해야 한다. 원본을 보고 베낀 사본이며 그 사본 역시 원본을 보고 베낀 첫 번째 사본(1대 사본)이 아니라는 것이다.

몇십 대에 걸친 사본인지는 알 수 없으나 여러 세대에 걸쳐 발견된 수많은 종류의 사본들을 취합하고 정리하여 만든 최종적인 사본을 보고 거기에서 오늘날 우리가 가지고 있는 성경을 만들어낸 것이다. 따라서 어떤 사본을 보고 기록한 사람(서기관)들의 학식과 출신지(이 경우 사투리가 영향을 끼칠 가능성), 기록할 당시의 여러 상황(조명, 피곤함, 장시간에 걸친 기록 중 생길 수 있는 혼란과 착각 등), 또한 본문을 불러주는 사람의 발음, 실수 등으로 말미암아 어느 정도 오류가 필사자들 간에 생길 여지가 충분히 있을 수 있다. 즉 같은 시간에 같은 장소에서 한 사람이 불러주는 것을 받아쓰는 많은 사람들 사이에도 상황에 따라 약간의 차이가 발생할 수 있음을 인정해야 할 것이다.

이와 같은 경우는 실제 성경 여러 부분에서 발견되고 있다.

열왕기하 24장 8절에는 남 유다의 제19대 왕인 여호야긴이 18세에 즉위한 것으로 기록되어 있으나 같은 사건을 역대하 36장 9절에는 8세에 즉위한 것으로 기록하고 있다.

어떤 필사자는 18로 보았으나 다른 필사자는 흐릿한 1자를 보지 못하고 단지 8만 보았을지도 모른다.

같은 사례가 또 있다. 유다의 6대 왕인 아하시야의 즉위 나이를 열왕기하 8장 26절에는 22세로, 역대하 22장 2절에는 42세로 기록하고 있다. 그러나 그의 부친인 여호람이 40세에 죽었으므로 22세에 즉위한 것이 정확한 기록일 것이다.

또한 사무엘상 6장 19절에서 벧세메스 사람들이 여호와의 법궤를 들여다본 고로 칠십 명을 죽이셨다는 내용에는 (오만) 칠십 명이라 기록하므로 필사자의 실수 혹은 착각이 개입되어 있었음을 엿볼 수 있다. 칠십 명인지 오만 칠십 명인지 분명치 않다.

통일 이스라엘 왕국의 초대 왕이었던 사울의 즉위시 나이를 개신교의 성경에서는 40세로, 카톨릭 성경에서는 30세로 기록하고 있다(아가페 출간의 쉬운 우리말 성경에도 30세로 기록).

신약성경에서도 이 같은 경우를 쉽게 찾아볼 수 있다. 복음서에 나오는 예수님이 광야에서 마귀에게 시험받은 내용을 보면 마태복음과 누가복음이 시험받은 순서가 서로 다르게 기록되어 있다.

즉 마태복음에서는 두 번째 시험이 성전 꼭대기에서 뛰어내리라는 것이었으나 누가복음에서는 그것을 세 번째 받은 시험으로 기록하고 있다. 또한 예수님의 임종 시에 사건을 마태는 영혼이 떠나신 후에 성전 휘장이 찢어진 것으로 기록하고 있으나(마 27:50-51), 누가복음에서는 먼저 휘장이 찢어지고 그 후에 숨지신 것으로 기록하고 있다(눅 23:45-46).

성경을 읽다 보면 여러 부분에서 절수가 빠진 곳을 발견할 수가 있다. 신약성경에서만 열세 군데에서 발견된다(마 17:21, 18:11, 23:14/ 막 9:44, 46, 11:26, 15:28/ 눅 17:36, 23:17/ 행 8:37, 15:34, 28:29/ 롬 16:24).

이는 아마도 원본에는 없던지, 아니면 지워져 보이지 않던지 혹은 어떤 이유에서든 누락되었을 것이라고 추측해볼 수 있는 것이다. 이쯤 되면 성경에는 어떤 오류도 없다고 주장할 수 없게 된다. 그러나 이것을 성경의 오류라고 볼 수 있을까?

성경이 사본으로부터 기록된 책이라는 사실을 염두에 두고 볼 때 필사 과정에서의 어느 정도 실수(이를 오류라고 볼 수는 없을 듯)는 있었을 것이라는 사실을 받아들여야 한다.

사본이 원본을 보고 베낀 것이라고 할 때 그 사본은 여러 지역, 여러 계층의 사람, 또한 많은 시차를 두고 필요에 의해 퍼져나갔을 것으로 추측된다. 이럴 경우 수많은 사람들에 의해 필사된 사본 간에도 필사자의 실수로 약간의 상이점이 발견될 것이나 이를 오류라고 볼 수는 없을 것이다.

지금까지 알려진 유력한 구약 사본으로는 맛소라 사본, 사해 사본, 이집트 사본 등이 있으며 신약의 경우 알렉산드리아 사본, 바티칸 사본,

시내산 사본 등이 당시 널리 사용되던 파피루스나 양피지 그리고 송아지 가죽, 점토 등에 수없이 베껴져 전해오고 있다.

구약성경의 사해 사본의 경우 오랜 세월 동안 신비에 감추어져 있다가 1947년 사해 근방에서 양을 치던 베두인 목동에 의해 발견되었다. 목동이 잃어버린 양을 찾기 위해 돌을 던졌는데 항아리가 깨지는 날카로운 소리가 들려왔다. 그 항아리는 쿰란 동굴(에세네파 유대인들이 거주하던 곳) 안에 있었는데, 목동이 발견한 항아리 속에서 귀중한 가치를 지닌 두루마리 사본이 나온 것이다. 이와 같은 사본들은 현재 대영 박물관이나 바티칸 도서관 등에 보관되어 있다. 이처럼 사본들은 발견된 장소에 따라서도 서로 간에 약간의 차이가 발견된다.

다음으로 역본에 대하여 살펴보기로 하자.

최종적으로 만들어진 한 권의 사본을 원본같이 사용하여 각 언어로 번역된 성경을 역본이라 부른다. 당시 중요한 언어로는 구약성경에 기록된 히브리어 그리고 신약의 헬라어가 있으며, 예수님 당시 유대인들은 강대국의 압박 속에서 잃어버린 모국어 대신 아람어를 사용하고 있었다.

중세 유럽에서는 평신도들의 성경의 소유나 읽는 것이 금지되어 있었으나 종교개혁 이후로는 성경의 수요가 팽창하게 되었다.

그때까지 주로 사용되던 성경은 팔레스타인 지역에서는 아람어로 된 탈굼, 헬라어로 쓰여진 70인역 그리고 고대 시리아어로 된 페쉬타(Peshita) 등이었으며, 중세 유럽에서는 주로 라틴어로 기록된(불가타: Vulgata) 성경을 사용했다.

그러나 종교개혁을 전후하여 영국의 위클리프에 의하여 최초로 영어 성경이 출간되었다. 이후 틴데일에 의한 영어 성경, 그리고 종교개혁이 진행되는 동안에는 루터에 의해 독일어로 된 성경이 최초로 나오기 시작했다.

성경을 번역했다는 죄로 위클리프는 사후에 무덤이 파헤쳐져 그 뼈가 불태워지는 형벌을 교황청으로부터 받았으며 틴데일은 화형을 당했다. 중세 유럽에서의 성경은 사제나 특별한 소수의 귀족 외에는 금서로 되어 있어 라틴어로 된 성경 외에는 어느 것도 없었다.

오늘날까지 영어 성경 가운데 가장 권위 있고 탁월한 것으로는 1604년 영국의 제임스 1세의 명으로 성공회, 청교도 성직자, 평신도들로 구성된 54명에 의해 완성된 킹 제임스 버전(흠정역)이 있다.

이처럼 복잡하고 힘든 과정을 통하여 오늘날 우리가 가지고 있는 성경이 탄생되었다. 그 많은 경로를 통해 흔치는 않지만 필사자의 실수가 개입된 것에 대해 이것이 마치 성경의 오류인 양 매도한다면 그 생각이야말로 지나친 오류가 아닐 수 없다.

특히 신약성경의 저자들은 대부분 예수님과 동시대에 살며 함께 사역했던 제자들, 예수님의 형제(야고보, 유다)들, 또한 그의 사역을 친히 접했던 성도들이었던 것으로 볼 때 성경에 어떤 오류나 과장이 개입될 여지가 없는 것이다.

다행히 성경은 거의 대부분 이야기 형태로 기록되어 있기 때문에 약간의 실수나 착오가 있다 해도 내용을 이해하는 데는 전혀 문제가 없다.

분명한 것은 사본의 필사 과정에서 나타난 착오나 실수를 오류로 판단할 경우 성경의 권위에 엄청난 도전이 될 것이다. 성경의 무오설은 원본에 대한 평가일 뿐이다. 지금의 성경에 나타나는 것은 필사 과정의 실수일 뿐 오류가 아니라는 사실을 반드시 염두에 두어야 한다.

기독교의 역사관
- 종말론적 역사관

　역사는 과거에 일어났던 사건이나 사실에 대한 인과관계, 역사적 성격을 요약 분석하고 평가하는 태도와 가치 판단을 의미한다.
　따라서 인류 역사의 전체를 통일적으로 관찰하는 하나의 사고체계인 역사관에는 사람과 시대 그리고 문화적 배경에 따라 다양한 관점이 존재한다. 또한 그 관점에 따라 삶의 태도, 방법, 목표가 달라질 수 있다.
　역사를 보는 관점 즉 역사관은 시대와 사람에 따라 다르며, 그 관점의 차이에 따라 역사가의 가치관이나 역사에 대한 이해가 달라질 수 있다. 역사적인 관점에는 인류 역사를 끊임없는 순환과 반복을 통해 이루어지는 시각으로 보는 관점이 있다.
　이를 순환적 역사관이라 부른다. 인간의 역사나 삶을 끊임없이 반복하는 윤회의 과정으로 보는 불교와 힌두교의 역사관이 대표적이다.

또 다른 하나는 인류의 시작과 종말이 분명한 종말론적 역사관이며 기독교의 역사관이 여기에 속한다.

기독교의 역사는 역사를 초월해 계시는 영원하신 하나님에 의한 인간의 궁극적 구원이라는 분명한 목표를 향해, 즉 종말을 향해 일직선상으로 전개되는 역사이다. 즉 기독교의 역사관은 하나님의 창조와 인간의 타락 그리고 회복이란 구속사적인 과정이 그리스도의 재림으로 완성되어 가는 종말론적 역사관이다. 그러므로 기독교 역사관의 특성은 역사 속에 신적인 간섭과 방향성이 존재하며 이를 세속적인 의미로 운명이라 말하기도 한다.

나폴레옹은 "사람은 필연적으로 운명에 따라 살아간다"라고 말했다.

운명적이란 신학적 의미로는 하나님의 계획과 섭리에 따라 살아감을 의미하는 것이다. 기독교는 신앙 속에 인간의 삶과 역사가 깊이 융해되어 있기 때문에 처음과 마지막이 분명한 역사적인 종교이다.

성경은 시작과 끝을 분명하고 확실하게 기록하고 있다. 성경의 첫 페이지인 창세기 1장 1절의 "태초에 하나님이 천지를 창조하시니라"와 마지막 페이지인 요한계시록의 22장 20절의 "내가 진실로 속히 오리라(종말 즉 세상 끝날에)"란 말로 역사의 시작과 끝을 명료하게 선언하고 있다.

또한 "주 하나님이 이르시되 나는 알파와 오메가라…"(계 1:8)와 "…두려워하지 말라 나는 처음이요 마지막이니(계 1:17)"라는 말씀을 통해 성경은 종말론적 역사관을 분명하게 제시하고 있다.

기독교 세계관은 에덴에서 시작하여 역사의 종말에 이루어질 새 하늘과 새 땅에서 대단원의 막이 내리는 종말론적 역사관이다. 시작과 끝이 분명한 일직선상의 역사관인 것이다.

종말에 대하여 성경의 누가복음에는 이날을 인자의 날(눅 17:22)로 혹은 인자의 때(눅 17:26)로 분명하게 묘사하고 있다. 이때는 바로 노아의 때(눅 17:26) 그리고 롯의 때(눅 17:28)와 같다고도 기록하고 있다. 즉 심판의 때요, 종말의 때인 것이다.

기독교의 세계관은 초자연주의 입장을 취하고 있다. 이는 성경적 관점을 가지고 세계를 바라보는 성경적 세계관이라 할 수 있다. 성경적 세계관은 하나님 나라를 지향하고 있으며 그것은 또한 하나님 나라의 실현과 관련되어 있다.

하나님 나라가 실현되는 때는 종말을 의미하므로 이 관점에서 보면 기독교의 세계관은 종말론적 세계관이라 할 수 있다. 또한 이와 같은 기독교의 세계관과 연결되는 고리는 바로 인간의 창조, 타락 그리고 구속이다.

에덴에서 시작된 인간의 창조는 그의 타락으로 말미암아 구속의 필요성이 제기되었고 그 구속의 완성은 역사의 종말에 이루어질 것이므로 시작과 끝이 일직선상으로 나아가 마지막 날에 완성되는 종말론적 세계관이 바로 기독교적 세계관인 것이다.

따라서 인간 구원의 핵심인 그리스도의 성육신 사건은 모든 역사의 중심에 놓여 있다.

인간의 역사는 무의미한 순환적 과정이 아니라 하나님의 영원하신 섭리와 통치에 따라 이미 계획된 종말론적인 목표를 향하여, 즉 역사의 완성을 향하여 일직선상으로 달려가고 있는 것이다. 따라서 이 땅의 모든 성도들은 하나님의 구속사에 동참하여 그 의와 사랑을 실천하며 살아야 한다.

사도 바울 역시 하나님 나라의 도래를 철저하게 바라는 종말론적 세계관이 그의 신학적 관점이었으며 칼빈 또한 하나님의 절대 주권에 의하여 세상 나라가 통치되는 하나님 중심의 세계관을 가지고 있었다.

화란의 세계적인 성경 신학자인 헤르만 리델보스(Herman N. Ridderboss)는 그의 저서인 『하나님 나라의 도래』(The Coming Of The Kingdom)에서 이와 같이 이미 시작된 하나님의 나라가 완성 즉 종말을 향해 나아가는 역사관을 분명히 제시하고 있다.

따라서 우리는 하나님이 주도해 가시는 구속사의 한 부분을 담당한 주역으로서 역사의 현장 즉 지금, 여기(Here and Now)에서 충실한 청지기적 사명을 감당하며 살아가야 한다.

종교 다원주의
- 기독교에만 구원이 있는가

    종교적 특성인 배타성이나 유일성을 배제하고 다양성을 인정하는 포스트 모더니즘의 종교 철학으로, 서로 다른 종교적 신앙 체계의 다양성을 수용하는 태도나 원리를 종교 다원주의라 부른다.

    세상에는 다양한 종교가 공존하고 있으며 따라서 절대적인 종교란 있을 수 없다는 사상으로 모든 종교는 서로 다른 구원의 종교적인 체계가 있음을 인정해야 한다는 것이다. 한 마디로 종교 다원주의의 핵심은 기독교 이외의 다른 종교에도 구원이 있다는 사상이다. 그러므로 기독교가 유일한 종교가 아니라 모든 다른 종교 역시 절대자에 이르는 길이 있으며 기독교는 그 중 하나일 뿐이라는 것이다.

    이 사상은 기독교의 절대적이고 유일한 진리에 대한 반신학적 사상과 운동으로, 모든 종교에도 구원의 방편이 있으며 따라서 궁극적 목적은 동일하다는 보편적 구원론에 초점을 맞추고 있다.

종교 다원주의는 19-20세기 초 서구 기독교 문화에 대한 저항에서 시작된 자유주의 운동과 서구 세력이 식민지의 종교들과 만나 타 종교를 인정하고 종교 간 대화를 시도하는 과정에서 생겨났다. 그리고 이것은 결과적으로 신앙의 순수성을 해치는 혼합주의를 탄생시키는 결과를 낳았다.

혼합주의 신앙은 대단히 위험한 요소를 내포하고 있다. 출애굽 당시 시내산에서 모세가 하나님으로부터 십계명을 받고 있을 때 산 아래에서 그를 기다리던 군중들은 아론을 중심으로 금송아지 형상을 만들어 "이스라엘아 이는 너희를 애굽 땅에서 인도하여 낸 너희의 신(하나님)이로다"라고 선포했다. 이것은 하나님과 우상 사이를 혼돈케 하는 명백한 범죄였다(출 32:1-4).

유일신적 개념은 사라지고 범신론적 사고 체계만 남게 되는 것이 바로 혼합주의 사상이다. 혼합주의 신앙은 영적인 분별력을 잃게 하여 결국에는 파멸을 초래한다.

종교 다원주의는 하나님의 구원에 대한 계시가 기독교뿐 아니라 다른 종교에도 있으며 따라서 기독교만이 구원에 이르는 유일한 종교가 아니라고 주장하므로 결국은 많은 사람들을 혼합주의 신앙 사상으로 오도해 간다. 그들은 기독교를 더 이상 유일성, 절대성을 가진 종교로 주장해서는 안 된다고 말한다.

그렇다면 요한복음에서 하신 예수님의 선언은 한 정신병자의 공허한 자기 고백이 될 뿐이다.

내가 곧 길이요 진리요 생명이니 나로 말미암지 않고는 아버지께로 올 자가 없느니라(요 14:6).

그 정신병자의 고백이 지난 2천 년간 온 인류를 거짓으로 이끌어 온 셈이다. 참으로 허황된 논리이며 사기 행각이다.

종교 다원주의의 기원에 대하여 하버드 대학의 비교 종교학 교수인 스미스는 선교지에서 토착 종교와 대결하고 있던 선교사들과 비교 종교학자들에 의하여 이 사상이 제기되었다고 주장한다.

사실 18-19세기의 선교 정책은 서구 식민주의와 밀접하게 연관되어 있다. 약소국을 점령하는 과정에서 함께 활동했던 선교사들이 식민지 종교와 대화를 통하여 접근하는 동안 그들의 종교를 인정해 가면서 다원주의가 시작된 것이라 볼 수 있다.

미국 유니언 신학교의 폴 니터 교수도 종교 다원주의는 에큐메니칼 운동(교회 일치 운동)에서 시작되었다고 주장했다. 교회 일치 운동은 상호 종교를 인정하는 바탕에서 시작해야 하기 때문에 차이점보다는 공통점을 부각시키며 이 운동을 전개한 것이다. 오늘날 세계 교회 협의회(WCC)가 주동이 되어 활동하고 있는 것이 대표적인 예다.

1992년에는 감리교 신학교 교수인 변선환과 홍정수 교수가 "기독교 이외에 다른 종교에도 구원이 있을 수 있다"라고 주장하여 교계에 큰 물의를 일으킨 바 있다. 이에 대한 재판에서 두 교수는 감리교 교단으로부터 교수와 목사직을 박탈당했다. 인류가 함께 살아가기 위해서는 서로 간에 공통적인 인식이 필요하며 이를 위해서 차이보다는 같은 가치만을 공유하자는 것이 그들의 주장이다. 그러나 이는 인본주의와 세속주의적인 이념이 깊이 깔려 있는 발상일 뿐이다. 이러한 결과는 신앙의 순수성을 다 잃어버린 혼합주의 신앙만을 남긴다.

종교 다원주의는 오늘날 현대인들에게 선택의 폭을 넓혀주므로 시대적인 상황과도 잘 조화를 이루는 가설이기도 하다. 백화점이나 시장에서 상품을 구입하거나 일상용품을 매입할 경우에도 다양한 색상, 디자인, 메이커, 재질 등을 고려하는 오늘날의 문화와 잘 일치한다. 수많은 종교 중에서 자기의 구미와 가치에 맞는 종교를 선택하겠다는 편리한 발상인 것이다.

그러나 이와 같은 사상은 하나님 외에는 어떤 신도 인정하지 않는 기독교의 신관에 정면으로 배치되는 주장으로 지금까지 기독교 역사에 나타났던 그 어떤 이단보다 더욱 심각하고 혼란스러운 사상이다.

종교 다원주의자들은 구원의 유일한 길이요 진리 되신 예수 그리스도를 부정한 채 오직 하나님만을 인정하며 또한 그 하나님은 각 종교에서 표현 방식만 다를 뿐 동일한 신이라고 주장한다. 어떤 종교를 믿던 최종적인 종점은 구원이라고 생각하고 있는 것이다. 이 같은 근거만이 바로 모든 종교를 하나로 묶는 바탕이 된다고 그들은 믿고 있다.

참으로 해괴한 논리적 전개이다.

다원주의 사상의 중심은 신에서 인간으로, 이성에서 인간의 감정으로, 객관주의에서 실존주의를 더욱 표방하는 시대적 상황에 영향을 받은 결과일 뿐이다.

　많은 다원주의자들이 종교 간의 갈등을 없애지 않고는 세계 평화를 이룰 수 없으며 따라서 종교 간의 이해와 관용은 필수적이라고 주장한다. 그러나 이들은 평화주의자일 뿐이며 신앙의 본질적인 가치와 자세를 떠난 인본주의적 세계관, 종교관에 심취한 자들일 뿐이다.

사명선언문

너희가 흠이 없고 순전하여……세상에서 그들 가운데 빛들로
나타내며 생명의 말씀을 밝혀 _ 빌 2:15-16

1. 생명을 담겠습니다
만드는 책에 주님 주신 생명을 담겠습니다.
그 책으로 복음을 선포하겠습니다.

2. 말씀을 밝히겠습니다
생명의 근본은 말씀입니다.
말씀을 밝혀 성도와 교회의 성장을 돕겠습니다.

3. 빛이 되겠습니다
시대와 영혼의 어두움을 밝혀 주님 앞으로 이끄는
빛이 되는 책을 만들겠습니다.

4. 순전히 행하겠습니다
책을 만들고 전하는 일과 경영하는 일에 부끄러움이 없는
정직함으로 행하겠습니다.

5. 끝까지 전파하겠습니다
모든 사람에게, 땅 끝까지, 주님 오시는 그날까지
복음을 전하는 사명을 다하겠습니다.

서점 안내

광화문점	서울시 종로구 새문안로 69 구세군회관 1층 02)737-2288 / 02)737-4623(F)
강남점	서울시 서초구 신반포로 177 반포쇼핑타운 3동 2층 02)595-1211 / 02)595-3549(F)
구로점	서울시 동작구 시흥대로 602, 3층 302호 02)858-8744 / 02)838-0653(F)
노원점	서울시 노원구 동일로 1366 삼봉빌딩 지하 1층 02)938-7979 / 02)3391-6169(F)
일산점	경기도 고양시 일산서구 중앙로 1391 레이크타운 지하 1층 031)916-8787 / 031)916-8788(F)
의정부점	경기도 의정부시 청사로47번길 12 성산타워 3층 031)845-0600 / 031)852-6930(F)
인터넷서점	www.lifebook.co.kr